Fach-
buch
Klett-Cotta

STEPHANIE KATERLE

Seitensprünge

Warum Untreue nicht zur Trennung führen muss

Klett-Cotta

Klett-Cotta
www.klett-cotta.de

Printed in Germany
Umschlaggestaltung: Weiß-Freiburg GmbH – Graphik & Buchgestaltung
Unter Verwendung eines Fotos von © Herzschlag / photocase.de
Gesetzt in den Tropen Studios, Leipzig
Gedruckt und gebunden von Kösel, Krugzell
ISBN 978-3-608-96218-5

Bibliografische Information der Deutschen Nationalbibliothek
Die Deutsche Nationalbibliothek verzeichnet diese Publikation
in der Deutschen Nationalbibliografie; detaillierte bibliografische
Daten sind im Internet über http://dnb.d-nb.de abrufbar

Ohne meinen Mann Ralf würde es mich als Autorin nicht geben. Ihm verdanke ich den Mut, alles bis zum Ende zu denken, die Konzentration, gute Gedanken festzuhalten, und die Ausdauer, meine Denkwege konsequent in Worte zu fassen. Er ist mein schärfster Kritiker und mein größter Fan, ein immer geduldiger Zuhörer und unermüdlicher Motivator. Danke.

Für dieses Buch habe ich viel freundliche Freiwilligkeit erfahren. Meinen Interviewpartnern Nadine und Christian vom Marketing des Joyclub, Patrick Kurtz und Johannes Eber danke ich für die spontane Bereitschaft und die aufgewendete Zeit.

Mein Dank gilt auch meinen Klienten, durch die ich alles lernen durfte, was ich in meinen Büchern verarbeite.

Inhalt

1. Persönliche Einleitung

So sprach mir ein Weib:
»Wohl brach ich die Ehe,
aber erst brach die Ehe mich.«

Friedrich Nietzsche

Schon wieder ein Buch übers Fremdgehen?

Seitensprung – darüber gibt es so unendlich viele Bücher, dass auch ich in meiner bescheidenen Fachbibliothek mindestens zehn Exemplare besitze. Seitensprung – das ist einer der häufigsten Trennungsgründe, oftmals dominantes Thema in meinen Paarcoachings und stets willkommener Anlass für süffisante Berichterstattung in einschlägigen Gazetten. Die Empfindungen und Gedanken der Betroffenen im Fall der Untreue sind unübersichtlich und vielfältig. Chaos scheint auszubrechen, wenn einer der Partner zeitweilig oder längerfristig aus der Zweisamkeit ausschert. Partner und Umwelt fragen: Wie konnte das passieren? Lösungen und Erklärungen sowie Perspektiven für das weitere Leben werden gesucht.

Oftmals bleiben diese Lösungen seltsam provisorisch, sie tragen trotz aller Mühen nicht lange oder sicher genug. Das Buch will klären, warum die im Notfall begonnene Reparatur einer beschädigten Beziehung keine dauerhafte Lösung sein kann. Es will dazu anregen, den eigenen Wertvorstellungen über Liebe, Romantik, Erwartungen und Möglichkeiten in kritischer Reflexion zu begegnen. Nur so kommt man den tiefer liegenden Gründen für die verheerende Wirkung der Untreue auf die Spur und kann sie ausschalten. Das Buch will weder Vorschläge machen, wie man Beziehungen alternativ gestalten sollte, noch Tipps für eine lang anhaltende Liebesbeziehung verteilen. Es will aufklären – über die Monogamie als unsere kulturell verankerte Beziehungsform und ihre Anpassungsschwierigkeiten an die digitalisierte

Welt. Und schließlich will es für diese aufgeklärte Art der Monogamie ausdrücklich werben. Es will erklären, warum es immer schwieriger wird, lange treu zu bleiben, und warum es trotz aller Modernität und Liberalität immer noch so unendlich schmerzhaft ist, vom geliebten Menschen hintergangen zu werden. Insofern sei noch einmal explizit darauf hingewiesen: Dies ist kein Entschuldigungsbuch für Seitenspringer. Untreue und Illoyalität sind Verletzungen, die langsam heilen und lange schmerzen. Die Lösung kann aber auch nicht in jedem Fall sein, die Beziehung zu beenden und dasselbe Spiel mit einer neuen Person oder dem vertrauten Partner noch einmal von vorn zu beginnen.

Der Seitensprung ist die Sollbruchstelle aller Beziehungen der westlichen Welt[1]. An keiner Stelle ist es so nachvollziehbar, wenn die Beziehung beendet wird. Paare quälen sich oft jahrelang durch Beziehungen voller Lieblosigkeit, gar Gewalt, Sucht oder Desinteresse. Doch sie bleiben zusammen, denn »man hat sich ja (noch) nicht betrogen«. Männer und Frauen ertragen Langeweile, Sprachlosigkeit und Kälte in der Beziehung erstaunlich lange und in unheimlichem Langmut. Aber bei einem Seitensprung ist es schlagartig vorbei mit der Geduld. Hier hat die Umwelt spontan Verständnis für eine Trennung. Untreue ist die am meisten akzeptierte Begründung für eine Trennung, so wie »Treue« die größte Erwartung an einen Partner ist. Orientiert sich einer der Partner also kurz- oder längerfristig nach außen, kann es relativ sauber »knack« machen, und die Beziehung ist vorbei, obwohl sie unter Umständen noch viel Potential gehabt hätte und eine Menge Ressourcen aufweist, die nun verloren gehen. An dieser Sollbruchstelle endet die Beziehung entweder, oder sie gesundet mehr oder weniger und wird fortgeführt. Das hängt ein bisschen davon ab, in welchem Umfeld man lebt und wie die sozialen Peers den Seitensprung bewerten.

---

1 Als Sollbruchstelle bezeichnet man einen vorbereiteten Knick, an dem ein Produkt geteilt oder gebrochen werden kann. Schokoladentafeln zum Beispiel haben zwischen den Stückchen Sollbruchstellen.

Untreue ist für die Beziehung gefährlich, sie stellt die bisherigen Glaubenssätze infrage. Nur wenn diese Sollbruchstelle als Gefahrenquelle ausgeschaltet und durch solide, verlässliche Verabredungen verstärkt wird, verliert sie diese Bedrohlichkeit für Liebesverbindungen. Solch eine Sollbruchstelle wird strukturell, aber unbewusst, in jede Beziehung eingebaut, die vor einem deutschen, österreichischen oder niederländischen Standesamt oder in der Kirche geschlossen wird. An dieser Position ist einfach ein Punkt erreicht, an dem die Beteiligten sich entscheiden müssen, ob, wie und in welche Richtung es weitergeht. Paare haben es zu großen Teilen selbst in der Hand, die Sollbruchstelle zu identifizieren und unschädlich zu machen. Das kann funktionieren und gibt ihnen zukünftig Sicherheit und Zutrauen in ihr Liebesleben.

Was also, wenn der Seitensprung in der Beziehung unvermittelt passiert? Muss man sich Sorgen machen, und wenn ja: Hilft das? Wo kann man sich Hilfe holen? Was kann man tun? Freunde und Familie sind nicht immer die besten Berater, zu emotional und subjektiv sind ihre Ansichten. Das ist der Moment, in dem Menschen zum Buch greifen. Sie suchen Input, der ihre Gedanken bereichert. Das Thema »Untreue« wird aber sowohl bei den konservativen Bewahrungsratgebern als auch bei den aufklärerischen neuen »Anti-Monogamie«-Schriften aus einzelnen Blickwinkeln (z. B. psychologisch, soziologisch) heraus behandelt. Ratgeber psychologisieren vielfach die Betroffenen und Unsicheren, die meist sowieso vor lauter Fragezeichen im Kopf nächtens keinen Schlaf finden. Einige Sozio-Biologen reichern das Thema mit ihren Erkenntnissen darüber an, warum Menschen so sind, wie sie nun einmal sind, und der Rest wird der Kernzelle, dem Paar, überlassen.

Alles wirkt auf alles – aber wie!

Hier kommt die systemische Grundlage meiner Arbeit zum Tragen. Wenn ich als systemischer Coach in meiner Beratung nicht die Person mit dem Problem therapiere, sondern immer das ganze System, darf ich im Fall der Untreue nicht nur das Paar und schon gar nicht nur den Untreuen therapieren, sondern muss deren oder dessen System in den Blick nehmen. Und lässt man sich darauf ein, wird klar, dass insbesondere im Fall der Paarbeziehung das Paar ebenfalls nicht isoliert als »Patient« auftreten darf, sondern wiederum in dessen System zu betrachten ist. Das System des Paares besteht aus dessen sozialen Kontakten, aber auch aus den ideologischen Konventionen, die ihre Kernzelle umgeben und prägen. Kein Buch führte bislang die wissenschaftlichen Einzelaspekte des Themas »Untreue« zusammen. Die meisten Autoren verblieben in der jeweilig fachspezifischen Reparatur der bisherigen Paarbeziehung, bewerteten den Vorfall als Funktionsstörung, begleitet von der besorgten Nachfrage: »Warum sind manche Menschen zur Treue unfähig?« und »Wie bekommt man den alten Zustand wieder hin?« So wird der Treulose zum Symptomträger, was immer eine eingeschränkte, weil monokausale Sichtweise ist. Die Einzelperspektive allein trägt niemals dazu bei, die Verzweiflung, das Getriebensein und die Ratlosigkeit zu Zeiten der Krise zu erkennen, geschweige denn zu erklären oder gar zu lösen. »Untreue« scheint ein Problem zu sein, das unlösbar zu der Zweierbeziehung, wie wir sie kennen, dazugehört. Das eine geht nicht ohne das andere.

Keine Untreue ohne romantische Liebe, keine romantische Liebe ohne Untreue

In jedem System von Zweierbeziehung ist die Idee der Untreue bereits vorinstalliert. Dass es Untreue gibt, scheint eine Naturgewalt zu sein, gegen das die Individuen dennoch entgegen aller Vernunft ankämpfen. Fast so, als wolle man die Möglichkeit von Hochwasser oder Blitzeinschlägen abstreiten oder die Erde wieder zu einer Scheibe machen, leugnen Paare lange die Möglichkeit eigener Untreue und werden doch in etwa der Hälfte aller Fälle zum Opfer ihrer eigenen Versprechungen. Einen Blitzableiter in Form von offenen und manchmal auch schonungslosen Gesprächen lehnen sie ab und behaupten, ein solcher Fall komme bei ihnen einfach nicht vor. Und doch: Der Blitz schlägt ein, das Haus nimmt Schaden. Statt sich darüber klar zu werden, was man gemeinsam nicht hat sehen wollen, trennen sich viele Paare, enttäuscht und verzweifelt über den Verlust der vormals sicheren Heimat. Und kurz darauf bauen sie in unmittelbarer Nachbarschaft ein neues Haus mit einem neuen Partner – wieder ohne Hochwasserschutz und Blitzableiter. Die Untreue kann durch menschliche Nachlässigkeit eine Gelegenheit finden oder durch schiere Absicht. Doch wie auch immer sie geschieht, sie geschieht. Darüber schreiben Dichter seit tausend Jahren, daran beißen sich Kirche und Staat die Zähne aus, immer im Bewusstsein, dass sich ihre eigenen Institutionen selbst aus fehlbaren und moralisch oft anfechtbaren Individuen zusammensetzen.

Zumutung und Zutrauen – über die radikale Offenheit

Untreue muss nicht zur Trennung führen, wenn Paare erkennen, dass nichts gegen Katastrophen hilft, aber vieles machbar ist, um diese weniger dramatisch werden zu lassen.

Let's talk about »in guten wie in schlechten Tagen«

Warum gelingt Paaren keine offene Vereinbarung, was im Fall der Fälle passieren sollte, ohne gleich das gesamte Beziehungsleben mit Kindern, Haus und Familie aufs Spiel zu setzen? Was ist am Thema »Untreue« so anders, dass es mit einem dicken Tabu behaftet am Ende des Glücks zu warten scheint und dann als Zerstörer des vermeintlichen Liebesglücks fungiert? Damit will sich dieses Buch befassen. Und es hat natürlich eine These, die, salopp gesprochen, etwa so lautet: Menschen haben eine gewisse Neigung dazu, an Gewohnheiten festzuhalten. Sie hängen an Bekanntem, auch wenn es uns heute nichts mehr nutzt. Als Beispiel mag dies gelten: Menschen halten sich immer noch voller Inbrunst und Überzeugung Haustiere, obwohl diese ihnen im Regelfall weder schmecken noch nutzen. Dennoch lieben sie ihre Hasen, Hunde und Katzen inniglich. Das haben sie zu der Zeit der Sesshaftwerdung gelernt, es ging in das Erbe der menschlichen Kultur über, und daran halten sie noch heute fest. »So ein Hund gehört einfach dazu.« Das ist die Historie des Menschen, ganz tief drin in der kulturellen Zellebene.

So ähnlich ist es mit der Monogamie und der ewigen Treue. Alle wissen, dass dieses Zugehörigkeitsversprechen in der Reinform illusorisch und unzeitgemäß ist – und doch lieben die Menschen ihre Monogamie ähnlich innig wie ihre vierbeinigen Hausgenossen. Einfach so. Weil es dazugehört. Diese Unvernunft ist nicht schlimm oder bedrohlich – wenn man sie sich bewusst macht und sie gut kennt.

»Und liebst du mich nicht mehr, ist das der Tod«

Es ist unsere gesellschaftliche und normative Vorstellung von Liebe, die uns dazu bringt, nichts, aber auch gar nichts katastrophaler zu finden als einen Seitensprung, eine Affäre, eine Außenbeziehung. Diese Vorstellung ist von unserer Kultur geprägt sowie von religiösen Fundamenten mit ihrer ganz eigenen Terminologie. Wir sind geprägt von der Vorstellung, wie Ehe und langlebige Liebe auszusehen habe. Unsere Eltern, deren Eltern, die deutsche und europäische Geschichte, Amerika, Medien, alle prägen mit. Wir glauben an die große Liebe, und wer daran glaubt, will sie feiern mit all den Symbolen, die unsere Kultur kennt. Wir trällern die Songs aus dem Radio, sehen die Liebesfilme aus Hollywood, wir kaufen schöne Kleider, um uns gegenseitig zu gefallen, und richten mit Unterstützung von IKEA unsere erste gemeinsame Wohnung ein. Wir geben Unsummen für Hochzeiten aus, verehren das Brautkleid wie eine Reliquie und lassen Tauben aufsteigen, bevor wir uns in den Zug der Ehe setzen und ins gemeinsame Leben starten. Alles wird begleitet von Möglichkeiten, sich mit Gekauftem und Erworbenem den Weg zu ebnen. Und was, wenn im Laufe der Jahre die Worte ausgehen? Wenn die Leidenschaft zu vertrocknen droht, weil Kindererziehung und Alltag an der Liebe zerren oder berufliche Mühlen Liebende mürbe machen? Wenn das Interesse an fremder Haut oder einer anderen Person steigt und die Neugier aufs Vertraute abnimmt? Auch dann ist für alle erdenklichen Belange gesorgt: Eine ganze eigene Wirtschaft lebt von dieser Sehnsucht. Wer als Mann sexuelle Gelüste hat, kann ein Bordell aufsuchen, davon gibt es unzählige. Sie bieten die »Geliebte für Stunden«. Alternativ kann er im Internet pornografisches Material ansehen oder in Chats erotisches Geplänkel mit anderen tauschen. Als Frau stehen einem diese und auch andere Wege offen. Seitensprungportale und Sexforen reiben sich über jede interessierte Fremdgängerin vor Freude (und Geschäftssinn) die Hände. Auf Vereins- und Kegelfahrten wird gebalzt und geknutscht wie entfesselt. Vollkommen hemmungslos und semilegal. (Würden alle, die in Willingen im Sauerlandstern oder in El Arenal fremdgehen, konsequenterweise die Scheidung einreichen, weil sie unter den Augen der Kollegen eine andere begehrten oder sich einem anderen anböten, würden die aktuellen Scheidungszahlen sprunghaft in die Höhe schnellen.) Privatdetektive verbringen viel Zeit mit dem Beschatten von Fremdgängern. Treuetester sind engagierbar, um dem Partner eine Falle zu stellen, und die »Alibi-Agentur« liefert gegen Geld Ausreden, Hintergrundgeräusche für getürkte Anrufe und sogar Entlastungszeugen für Seitenspringer mit krimineller Energie.

Dieses Buch versucht, die Macht des Seitensprungs als Kontrollinstrument und Gradmesser für Liebe an der einen oder anderen Stelle zu brechen. Wer darum weiß, woher die eigenen Gefühle, Antriebe, Befindlichkeiten und Ängste rühren, wer sich auch in Beziehungsfragen kommunikativ verständlich machen kann, wer keine Angst hat, den Partner durch das Aussprechen des eigenen Begehrens zu verletzen, hat eine gute Chance, die eigene Partnerschaft von einem schweren Kreuz zu befreien – und spart sich unter Umständen viele folgenschwere Denkfehler sowie Zeit, Nerven und Geld.

> Untreue muss nicht zur Trennung führen, wenn Paare ihre Beziehung durch eine realistischere Brille sehen könnten.

Poly und so: Einfache Ideen sind niemals brillant

Dieses Buch plädiert nicht für die Abschaffung der Monogamie. Auch dafür gibt es derzeit etliche Verfechter. Polyamorie oder offene Beziehungen sind aber nichts für alle und immer. Solch eine Lösung wäre zu einfach. Unsere Gesellschaft braucht die Monogamie, und die meisten von uns brauchen sie auch. Das Buch will aber auch nicht dafür plädieren, die menschlichen Bedürfnisse nach sexuellem Abenteuer und emotionaler Spannung wegzutherapieren. (Auch Paartherapie und Selbsthilfebücher sind schließlich ein Teil eines Wirtschaftszweigs, der vom Tabu profitiert.) Es möchte für eine Ethik der Partnerschaft werben, in der Offenheit und Mut zu einem Verständnis aufgeklärter Monogamie beitragen. Diese Aufklärung besteht in der Information darüber, wer und was an der Genese von Paaren und der Gestaltung von Zweierbeziehungen Interesse hat. Zum anderen sollten sich die Partner gegenseitig aufklären. Über ihre Wünsche sollte gesprochen werden, Ängste, Triebe und Erwartungen gehören ausgesprochen. Fremdbegehren ist kein Todesstoß für die Beziehung, sondern Beziehungsnormalität. Wer nicht genau weiß, worauf er oder sie sich mit der Treue in der Monogamie einlässt, der kann es eben niemals wirklich richtig machen, sondern muss zwangsläufig von einem Fettnapf in den anderen schlingern – oder lebenslang stagnieren.

Affären sind so weit verbreitet, dass man sich wundern darf, wie sehr immer noch die Einschätzung als Gesamtkatastrophe vorherrscht. Natürlich: Die emotionale Seite der Untreue verursacht Leid. Niemand will das abstreiten. Doch auch andere erwartbare Ereignisse in einer Beziehung verursachen Leid und Schmerz, und man kann dennoch a) darüber reden und b) danach weiter zusammenleben. Man denke an Krankheiten, finanzielle Krisen, Schwierigkeiten mit Kindern, körperliche Veränderungen und Ähnliches. Seitensprünge und Fremdbegehren sollten als wahrscheinliches Ereignis in die Liste der erwartbaren Ereignisse aufgenommen werden wie Geburten, Krankheiten, Todesfälle und finanzielle Transaktionen. Nur so verlieren sie ihre emotional zerstörerische und materiell zersetzende Kraft. Diese aufgeklärte Monogamie ist der derzeit einzige gangbare Weg in ein verändertes Verständnis von Partnerschaft und damit eine Möglichkeit, die Vorteile des bestehenden Systems geschickt und umsichtig zu nutzen, ohne die eigenen gelernten Vorstellungen von Beziehung und Familie zu überfordern. Aufklärende Gespräche und die partnerschaftlich vereinbarte

Priorität zur Offenheit sind Blitzableiter, die Untreue nicht verhindern, aber den Schaden begrenzen können. Ob man damit endet, die Existenz von Lüsten zu akzeptieren, die nicht auf den Partner gerichtet sind, oder ob man sich zu einer Öffnung der Beziehung verabredet, hängt von der Verletzlichkeit und vom Mut der einzelnen Paare ab. Aber darüber sprechen soll – und kann man. Immer.

Namen: Das Unaussprechliche zum Thema machen

Untreue muss nicht zur Trennung führen, wenn in klaren Worten darüber gesprochen und nach einem Namen für sie gesucht wird.

Unsere Wirklichkeit wird von Sprache definiert, beschrieben und begrenzt. Sie kann Vorgänge mit Bedeutung und Wert aufladen oder sie zu Lappalien relativieren. Im Falle des emotionalen oder sexuellen Fremdbegehrens gibt es eine Menge Ausdrücke, die sich stark darauf auswirken, wie der Vorgang in soziale und ethische Systeme einzuordnen ist. Wie wird das eigentlich genannt, was da vor sich geht? »Seitensprung«, »Ehebruch«, »Affäre«, »Liaison«, »Fremdgehen«, »Fehltritt«, »Untreue«, »Nebenbeziehung«? Allein im deutschen Sprachgebrauch finden sich Dutzende Möglichkeiten der Benennung. Sie beleuchten die Untreue in den unterschiedlichsten Farben.

Blickt man über die Grenzen in andere Sprachräume, finden sich vielfältige, z. T. bizarr anmutende Metaphern. So ist der Mann, der seine Frau betrügt, in Taiwan »eine große weiße Rübe mit farbigem Kern«, in Südafrika der »rennende Mann«, und in den Niederlanden wird der Seitensprung manchmal »die Katze im Dunkeln zwicken« genannt. In Indonesien hingegen wird das außereheliche Stelldichein als »wunderbare Pause« bezeichnet. Diese Bezeichnungen lösen individuell sehr unterschiedliche Assoziationen aus[2]. In diesem Kapitel aber

2 Vgl. Druckerman, Pamela: »Fremdgehen – die Regeln des Seitensprungs in aller Welt«, Herbig-Verlag, München, 2007.

sollen Begriffe untersucht werden, die man in der deutschen Sprache verwendet. Im hiesigen Sprachgebrauch ist man so an ihre Benutzung gewöhnt, dass man den Hintergrund und das sprachliche Bild, das sie auslösen, kaum mehr bewusst wahrnimmt.

Man kann die einzelnen Metaphern für die Untreue interessanterweise recht anschaulich anhand ihrer Umkehrung klären. Solche Umkehrdefinitionen geben auch Hinweise darauf, durch welche Benennung eine Außenbeziehung sprachlich den Charakter von etwas erhält, das eben »einfach so passiert« und die möglicherweise »einfach so wieder verschwindet«. Auf der anderen Seite soll gezeigt werden, in welcher Sprachregelung derselbe Vorgang einen Anlass zur (kostenpflichtigen) Reparatur darstellt.

Die Metapher vom »Lebensweg« fließt auch bei der Beschreibung der Untreue in manchen Bezeichnungen mit ein. Es lohnt sich, dieses sprachliche Bild einmal zu hinterfragen. Lebensweg – wohin führt er? Was ist das Ziel? Ist der Weg ein Kiesweg auf einer Bergwanderung, oder sind es Gleise, auf die man den Zug der Zweierbeziehung einst gesetzt hat?

Ist die Rede von einem **»Seitensprung«**, dann springt etwas oder jemand vom Weg ab – oder aus dem Gleis. Man kommt vom rechten Weg ab. Ein Sprung nach rechts oder links, dann wird wieder zurückgesprungen. »Rücksprung« oder »Auf-die-Spur-Sprung« wäre die Umkehrung, die klarmacht, dass es sich um ein verspieltes Probieren, ein Hin und Her, ein »weg von« und »zurück zu« etwas handelt. »Das kann schon mal passieren«, so assoziiert dieser Begriff, »wenn man auf dem Weg Langeweile bekommt«.

»Fremdgehen« betont das Abenteuerliche im Vorgang. Da sucht jemand das Andere, das Fremde. In der Umkehrung wäre das ein »Bekannt-Verharren«. Wird das Fremde zum Bekannten, weil die Beziehung schon so lange läuft, würde man es wahrscheinlich als etwas anderes bezeichnen. »Ich bin fremdgegangen« deutet auf einen kürzeren Zeitraum hin.

»Liaison«, die erste französische Variante, charakterisiert eine Verbindung, die sich zu einem bestimmten Zweck findet. Im Französischen kann man damit auch beschreiben, wie Zutaten eine Verbindung eingehen. Alliierte schließen sich zusammen, um sich gegen andere besser verteidigen zu können, und wenn das Bündnis bricht, sucht man sich (wieder) andere Allianzen oder steht künftig allein da.

Auch das Wort **»Affäre«** kommt aus dem Französischen und bezeichnet einfach eine »Sache« oder »Angelegenheit«. Dieses Sprachbild allein weckt bereits Assoziationen zu materiellen Dingen, die man käuflich erwerben kann. Wenn man sie nicht kaufen kann, kann man sich »les Affaires« nicht leisten, sie sind »trop cher«. (Auch die Begriffe für »lieb« und »teuer« ähneln sich doch zum Verwechseln.) Interessant ist, dass gerade die aus dem Französischen kommenden Begriffe den Vorgang so beschreiben, wie etliche Franzosen diese Art von Verhältnis auch tatsächlich sehen[3]; als längerfristig angelegtes Verhältnis nämlich, für das man ein wenig Geld in die Hand nehmen muss, um es diskret und für die Umwelt möglichst unschädlich zu unterhalten. Eine semantische Umkehrung gibt es hier interessanterweise nicht. Das Gegenteil einer Sache ist – keine Sache. Die Liebschaft nebenher wird so zum Luxusgut, das keiner braucht, aber viele gern hätten – wenn es nicht zu teuer wird.

Beim **»Fehltritt«** verlässt man den Weg nicht ganz, sondern kommt ins Straucheln. Ein Fehltritt weckt zwangsläufig die Assoziation von Verletzung, einen verstauchten Knöchel oder ein Hinkebein, das geschient werden muss oder in der Folge seinen Besitzer zum Gang an Krücken zwingt. In der Umkehrung wäre der Fehltritt wahrscheinlich der »richtige Schritt« oder ein »sicherer Stand«.

Die eher therapeutisch verwendeten Kunstbegriffe **»Nebenbeziehung«** und **»Außenbeziehung«** grenzen diese nicht in Kategorien von »falsch« und »richtig« ab, sondern in solche von »innen« und »außen«, »höherer Priorität« und »niedrigerer Priorität«. Insofern wären ihre

3 Vgl. Pamela Druckerman, ebd.

Umkehrungen »Innenbeziehung« und »Hauptbeziehung«, was der Charakterisierung der zentral gestellten Liebe wohl recht gut entspräche.

Interessant ist der Begriff **»Ehebruch«**, der deutlich christlich konnotiert ist. Er wird nur von gläubigen Menschen gebraucht und wird aus amerikanischen Ratgebern gern so übersetzt. Welche Wertung dahintersteckt, wird den Lesern der entsprechenden Bücher oft nicht bewusst. In der Umkehrung würde aus dem Ehebruch die »Ehefügung«, welche die Zweierbeziehung mit nicht unerheblicher moralischer Aufladung versähe. Denn die »Fügung« ist etwas, das der Mensch mit seinen bescheidenen Fähigkeiten allein nicht zuwege bringt.

Seltener sprechen Paare von **»Untreue«**. Warum das so ist, kann man nur vermuten. Möglicherweise ist vielen die Vielschichtigkeit des Begriffs bewusst. Da es eine personale und eine sexuelle Untreue gibt, müsste hier bereits differenziert werden. Auch das Hinterziehen von Geldern in Unternehmen beispielsweise ist im Tatbestand der Untreue aufgenommen. Die Umkehrung von »Untreue« ist einfach die Treue. Und diese zu definieren, könnte eine anspruchsvolle, aber sicher lohnende Aufgabe für Paare sein.

Allein bei der Bezeichnung **»Betrug«** gibt es keine Umkehrung oder Verneinung, sondern nur ein Antonym. Das Gegenteil von Betrug scheint Treue zu sein. Dieser Begriff stellt also die verloren gegangene Zuverlässigkeit und Verlässlichkeit der Beteiligten in den Vordergrund.

Es lohnt sich also, einen Blick darauf zu werfen, wie »es« benannt werden soll. Paare können die Namensgebung dazu verwenden, um sich darüber Gedanken zu machen, was ein Interesse an anderen, ob physisch oder emotional, für die Beziehung bedeuten könnte. Über die Diskussion der Namen für das »Unaussprechliche« verliert es eben diese Eigenschaft. Was einen Namen hat, ist weniger bedrohlich.

Untreue als kulturelles Phänomen: Was gefällt mir so am Thema?

Mir wurde klar, dass das Thema »Untreue«, so unterschiedlich es kulturell bewertet wird, auch unterschiedliche Bedeutung in der Geistesgeschichte einzelner Kulturkreise und im Verhalten sozialer Schichten haben müsse. In unserem Kulturkreis ist die derzeit dominant für die Erhaltung der Treue zuständige Wissenschaft die Psychologie. Sie will uns erklären, wie Treue und Untreue funktionieren und was im Individuum schiefgelaufen sei, wenn es die Fähigkeit zur scheinbar einfachsten Sache der Welt, nämlich lebenslanger Treue, nicht erworben oder irgendwann verlernt habe. Untreue wird als Funktionsstörung betrachtet. Hier denken sich besagte Ratgeber Auflage um Auflage fest. Die Beteiligten und LeserInnen suchen Gründe und Defizite in sich selbst. Das mag berechtigt sein, schadet es doch nie, eigene Motivationen und Antriebe zu untersuchen. Doch kann dieses dauernde Scheitern an einer offensichtlichen Naturgewalt wirklich nur in der individuellen Schwäche der Psyche begründet sein? Liegt es am Einzelnen, wenn er Ebbe und Flut nicht kontrollieren kann?

Das Naturgesetz der Untreue müsse doch, so wurde mir immer klarer, auch Aspekte haben, die über die psychologische Individual- und Paaranalyse hinausgehen. Darf die Psychologie exklusiv das Beurteilungsrecht für das Phänomen beanspruchen, oder mischen andere Disziplinen nicht auch kräftig mit? Was sagt der Staat zum Seitensprung? Wie steht die Pädagogik dazu? Hat die Philosophie einen Standpunkt zur Treue? Im Laufe der Jahrhunderte hat sich hier ein komplexes Geflecht sich widersprechender Ge- und Verbote entwickelt. Mir stellten sich die Fragen: Wem nützt die Untreue eigentlich? Wer profitiert davon? Weshalb wird ein Verhalten als pathologisch und deviant bezeichnet, das gleichzeitig so aggressiv beworben wird und das den allermeisten Paaren doch immer wieder begegnet? Wie entsteht der Riss im Spannungsfeld zwischen Sehnsucht und Realität im Individuum und wer zerrt alles am Paar?

Untreue muss nicht zur Trennung führen, wenn Paare verstehen, dass nicht nur sie selbst und isoliert von gesellschaftlichen Normen über Beziehung geprägt werden, und wenn sie den Mut haben, diese Normen zu hinterfragen.

2. Wer weiß was über Untreue?

Sortieren und Explorieren

Nach vielen Jahren der praktischen Erfahrung mit Menschen, die Seitensprünge aktiv oder passiv erlebt haben, schob sich das Thema in meiner Prioritätenliste nach oben. Nach unzählig konsumierten Filmen, Songs und Romanen über das Thema »Untreue« und nach gefühlt Hunderten von Veröffentlichungen in Illustrierten oder im Internet stellte sich mir als neugieriger Fachfrau irgendwann eine zentrale Frage: Warum gibt es so viele »Experten« aus allen Bereichen der Wissenschaft zu diesem Thema und gleichzeitig immer noch so wenige Lösungen für das immer wieder als dramatisch empfundene Problem der Untreue? Was Paare denken und fühlen und was sie denken und fühlen *sollten*, schien nicht auf einen Nenner zu kommen. Grund genug, dem Thema einmal auf den Grund zu gehen.

Ich wollte Experten und Betroffene zu Wort kommen lassen, woraufhin ich Interviews führte – mit Soziologen, Ökonomen, Detektiven. Sie alle hatten interessante Impulse für das Thema. Auch sollten Betroffene eine Stimme erhalten. Ich befragte einen Geliebten, eine Betrügende und eine Betrogene. Ihre Geschichten wurden so abgewandelt, dass ihre Anonymität gewahrt blieb, die Namen wurden erfunden.

Besonderer Dank geht hier an die Online-Plattform Joyclub, die mir eine Umfrage zum Thema anfertigte[4]. Natürlich sind die Befragten alle Mitglieder einer Sex-Plattform und das Ergebnis nicht repräsentativ, aber meiner Auffassung nach sind alle Daten, welche die festgefahrenen Narrative und Überzeugungen infrage stellen, zulässig.

---

4 Online-Umfrage unter 5308 geschlechtergemischten Joyclub-Mitgliedern. 13 Fragen zum Seitensprung-Verhalten wurden gestellt.

Untreue muss nicht zur Trennung führen, wenn Paare sich darüber klar werden, wie viele sie umgebende geistesgeschichtliche Strömungen ihr Denken über Liebe und Treue mitprägen.

Soziologie

Mich interessierte die Perspektive der Soziologie: »Wie leben Menschen zusammen?« »Welche Regeln akzeptieren unterschiedliche gesellschaftliche Gruppen fürs Zusammenleben, welche nicht?« »Was bedeutet die romantische Liebe für das Individuum?« Das bezieht sich nicht nur auf verschiedene Kulturen, sondern auch auf unterschiedliche soziale Schichten und Gruppierungen innerhalb gleicher Kulturen. Personenkreise und Peers können sich sehr ähnlich sehen – in Sachen Fremdgehen liegen sie doch unvereinbar weit auseinander. Umgekehrt haben äußerlich sehr weit voneinander entfernte Gruppen ähnlichere Vorstellungen, als man denkt.

Ökonomie und Staatswesen

Ökonomie, wirtschaftliches Wachstum und Konsum hängen eng zusammen. Der Konsum erhält den Reichtum unserer westlichen Staaten und prägt unsere Vorstellung von Liebe und Verliebtsein. Dem Konsum wird in diesem Buch über Liebe und Beziehung ein Platz eingeräumt, weil er eine der Schnittstellen zwischen den Forschungsgebieten darstellt.

Anthropologie

Bedeutsam für die Untreue scheint auch die Anthropologie zu sein, die in den letzten Jahren im Zusammenspiel mit der Biologie versuchte zu erklären, was das biologische Erbe des Menschen sei und ob sich die Formen unseres Zusammenlebens damit überhaupt vertrügen. Viele der neueren Bücher, insbesondere diejenigen, in denen die Monogamie kritisch beleuchtet wird, argumentieren mit der genetischen Disposition des Menschen. Hierauf möchte ich in diesem Buch aber nicht das Hauptaugenmerk legen. Zum einen bin ich davon überzeugt, dass die soziale und kulturelle Evolution schneller und stärker auf uns einwirkt als die biologische, zum anderen wiederhole ich ungern das, was kompetentere Autorenkollegen bereits veröffentlicht haben. Im Übrigen stehe ich manchen Behauptungen auch kritisch gegenüber und halte z. B. pauschal aus Knochenfunden abgeleitete Formeln für Sexualverhalten, Attraktivität oder gesunde Ernährung für relativ wenig überzeugend.

Moraltheologie

Um das Wesen des Menschen in sozial verträgliche Bahnen zu lenken, hat seit der Christianisierung die Kirche viele Fäden gezogen. Die Ehe als Sakrament greift ebenso in das kulturelle Erbe der westlichen Welt ein wie Buße und Sünde als Disziplinierungs- und Konditionierungsmethoden. Um die Sinnhaftigkeit dieser Maßnahmen zu begründen, bedient sich insbesondere die Kirche der Moraltheologie, die besonders im Thema »Treue« und »Untreue« eine Menge zu sagen hat und viel bestimmen will – früher wie heute. Wer die Sexualität eines Individuums zu kontrollieren vermag, hat umfängliche Macht über sein Handeln.

Philosophie

Nahe verwandt ist die Philosophie, die Antworten auf die Fragen verspricht, was Treue überhaupt sei. In ihr wird diskutiert, was das Wesen von Beziehungen ausmacht, der Wert von Freundschaft und Intimität analysiert und das Ganze direkt in eine Lehre vom guten Handeln übersetzt. Hier sind wir in der Ethik angekommen. Was ist richtig, was ist falsch? Was darf man reinen Gewissens tun, was ist zu unterlassen?

Ethik nutzt dem Menschen und der Gemeinschaft. Umsichtig und vernünftig zusammenzuleben ist die Grundlage für ein funktionierendes Staatswesen. Die Disziplinen Politik und Ökonomie profitieren von geklärten Fragen nach »richtig« und »falsch«, um ihre materielle Sicherheit zu mehren und perspektivisch in die Zukunft planen zu können.

Pädagogik

Zum ersten Mal staunte ich allerdings, als die Pädagogik thematisch unter die Lupe genommen werden musste. Pädagogik? Wer bringt bei der Untreue wem etwas bei, wer erzieht wen? Antworten waren bald gefunden: Die Gesellschaft erzieht ihre Mitglieder, die Kirche erzieht ihre Schäfchen und Partner erziehen sich gegenseitig. Im Bereich »Seitensprung« haben viele Gruppen Interesse daran, Menschen zur Treue zu erziehen. Hierzu ist auch das Mittel der Strafe recht. Damit gelange ich zur:

Psychologie

Am Thema »Seitensprung« ist natürlich spätestens seit Sigmund Freud die Psychologie beteiligt, die sich mit menschlichen Bedürfnissen, seelischen Strukturen und Begehrlichkeiten befasst. »Warum gehen Menschen fremd?« »Was macht es so schwer, eigene Bedürfnisse zu äußern?« »Wie gestalten sich menschliche Beziehungen?« sind Fragen, die hier selbstverständlich zentral sind. Sie aber wurden bei diesem Buch nicht, wie sonst bei diesem Thema üblich, in den Vordergrund gestellt. Das haben viele andere Autoren bereits ebenfalls getan, mein Anliegen ist es ja, neue Impulse zu liefern. Weg von der Psyche des Einzelnen, hin zu den Überzeugungen und Werten, die alles zusammenhalten.

Kulturwissenschaften

Nicht zuletzt bringen die Kulturwissenschaften Beiträge zum Thema. Was unsere romantische Liebesvorstellung über Generationen weiterträgt, sind die Dokumente, die wir lesen, sind Romane, Filme, Songs, Bilder, Medien, Kleidung, Nahrungsmittel und so fort. Anmerkungen hierzu erscheinen innerhalb der Kapitel.

Die Schnittstelle all dieser Disziplinen geht mitten durchs Individuum:

> Untreue muss nicht zur Trennung führen, wenn die Beteiligten verstehen, dass sie als Paar das Problem der Untreue nicht lösen, sondern nur verstehen können.

Hilfe, Chaos!

So viele lose Enden, die zusammengeführt werden mussten, so viele unterschiedliche Interessenlagen, so viele Intentionen und Ziele! Es wurde deutlich, dass sich durch die vielfältige thematische Aufladung das Tabu der Ratlosigkeit und Überforderung im Individuum geradezu einstellen *musste*, das die an einem Seitensprung Beteiligten so stumm und hilflos werden lässt. Wo sich die thematischen Fäden überkreuzen, wird es schnell so unübersichtlich, dass die meisten Menschen, die nicht theoretisieren, sondern ihre Beziehung einfach nur leben wollen, aussteigen und sich das herauspicken, was in ihrem Leben zur ordnenden Orientierung gerade gut funktioniert. Meistens sind das erprobte Werte, Glauben und Konservatismus.

Mir wurde deutlich, dass es genau diese ungeheure thematische Vielfalt der Einflussfaktoren war, die begründete, dass sich bislang noch niemand derart konkret an meine These gewagt hatte – und warum da, wo sich die Themen kreuzen, also mitten im Individuum, durch das Thema Untreue so viel Spannung entsteht. Die Vielfalt und Unübersichtlichkeit der Faktoren produzieren persönliches Leid und damit einhergehend: Tabuisierung. Mit Leid und Tabuisierung lässt sich viel materieller Umsatz machen, das wissen alle, die sich mit z. B. der Ablasspraktik der Kirche befasst haben. Gerade wegen der Vielfalt der Themenbereiche ist es wichtig, den Zusammenhang zwischen ihnen herzustellen und sichtbar zu machen. Behandeln wir immer nur ein Teilgebiet, klammern wir andere aus, die aber ständig einwirken und mit beeinflussen.

Paare straucheln nicht in der Psychologie ihrer Beziehung allein. Sie stolpern über die gedanklichen Fäden einer Kultur, in der sich widersprüchliche Thesen gegenseitig konterkarieren. Nicht der Partner allein schafft mit seinem oder ihrem Seitensprung die Verwirrung. Die Verwirrung ist bereits vorher da und wird durch die Untreue erst augenfällig.

3. Warum das lebenslange Lieben einfach schwierig ist

Untreue muss nicht zur Trennung führen, wenn klar wird, dass es die Untreue als existentielles Problem nur geben kann, weil es die romantische Liebe gibt – und umgekehrt.

Der eine für alles für IMMER

Die meisten Menschen haben früher oder später das Bedürfnis, Partnerschaften einzugehen. Es gibt Kräfte innerhalb und außerhalb ihrer Person, die ihnen versichern, eine feste, dauerhafte Partnerschaft mit einer bestimmten Person sei für ihr persönliches System vorteilhaft. Darum entscheiden sie sich in der ganzen Welt für Zweierbeziehungen, ganz überwiegend und deutlich, unabhängig von Religion und Kultur. Eine übermächtige Mehrheit wünscht sich das / den / die EINE / N für IMMER UND ALLES. Ob dieser Anspruch gerechtfertigt, ob dieser Wunsch erfüllbar ist oder nicht: Viele Menschen lieben die Sicherheit und Geborgenheit, das Bezogensein und die Exklusivität mit dem einen, besonderen Menschen: dem Liebes- und Lebenspartner.

In unserer Gesellschaft werden Partner relativ frei gewählt, was die Verantwortung für das Gelingen der Beziehung in die Hände der Beteiligten legt. »The pursuit of happiness«, das amerikanische Motto, treibt auch in Westeuropa diejenigen an, die das meiste aus ihrem Leben machen möchten. Intrinsische Faktoren sind aber nicht die einzigen, die das Verhalten innerhalb einer Partnerschaft bestimmen. Äußere Einflüsse haben einen beinahe ebenso großen Anteil an der Interaktion zwischen Liebenden. Amors Pfeil trifft nämlich nicht so ganz zufällig.

Meistens halten sich Menschen gleicher Lebensart in einer gewissen Schussweite für seine Pfeile auf. Werden zwei von Amors Pfeil getroffen, ist diese Verliebtheit erst einmal eine große Freude für die Beteiligten und die Umwelt. Verliebtheit ist öffentlich. Die Öffentlichkeit erklärt die Liebe, die Liebe erklärt das Leben.

Gedanken über das quid pro quo: Das Prinzip der Gegenseitigkeit

Man stelle sich nur vor, Eltern müssten ihre Kinder selbst aussuchen und die Kinder hätten sich ihnen vorher vorgestellt. Vor der Empfängnis hätten die betreffenden Elternpaare Beschreibungen und Schilderungen darüber gehört, in welche Richtung sich der Sprössling, sagen wir, mit 14 oder 15 Jahren entwickelt hätte. Hätten sie ihr Kind aus dem Katalog gewählt oder auf einer Website besichtigen können oder auch nur vom Hörensagen oder durch seine eigene Information kennengelernt, dann hätte sich ein Großteil der Väter und Mütter bestimmt schwergetan, sich für das passende Kind zu entscheiden. Womöglich hätten sie das Kind nach einiger Zeit umgetauscht, oder sie wären vor lauter Hin und Her im Abwägen kinderlos geblieben. Sie hätten gehadert und sich gefragt, was sie seinerzeit zu dieser Entscheidung getrieben hat, wenn sie die 15-jährige Tochter dabei beobachten, wie sie sich die Haare pink färbt und ihre Schulbücher mit dem Pausenbrot zusammenwachsen.

Wir lieben unsere Kinder, weil wir sie nicht ausgesucht haben. Sie kamen zu uns als Produkt unserer Leidenschaft füreinander, selbst wenn diese Leidenschaft nur kurz währte. Wenige Monate später werden sie uns in den Arm gelegt, Umtausch ausgeschlossen. Wir müssen sie lieb haben, denn sonst hat sie niemand so gern wie wir. Bedingungslos, akzeptierend, gütig und gnädig. Wer in einer Patchworkfamilie lebt, weiß, wie schwierig es sein kann, diese Güte für Kinder aufzubringen, an deren Entstehung man nicht selbst mitgewirkt hat.

Bei Liebespartnern ist das anders. Man sucht sie sich aus. Man wählt und entscheidet, wägt ab und sondiert. Weil man den anderen erwählt und ausgesucht hat, darf man auch erwarten, dass er oder sie sich entsprechend »gut macht« in der Beziehung, das heißt, seine Versprechen einhält, die er während der Verliebtheitsphase gab, dass er sich einsetzt und kümmert, für das eigene Wohlergehen sorgt, sich anpasst, Wünsche erfüllt und so weiter. Die Liebe in einer Partnerschaft ist alles andere als selbstlos. Sie erwartet zu Recht, dass der eigene Einsatz sich auszahlt. Sie erwartet, dass die Ernüchterung, die nach der Offenbarungserfahrung der Verliebtheit eintritt, durch andere, gleichrangige Werte ersetzt wird. Sie gibt und nimmt. »Quid pro quo.« Sie wünscht sich, dass möglichst viel vom romantischen Ideal weiterlebt, dass es sich möglichst lange verliebt anfühlt. Gleichzeitig einigt man sich auf Mäßigung. »Wenn ich nicht dies tu, obwohl ich Lust darauf habe, dann tust du nicht das. Wir verzichten beide.« Bricht dann einer die Verabredung und geht fremd, kündigt er die Abmachung. Der Tod der romantischen Beziehung tritt ein. Was danach kommt, ist Trauerarbeit. Trauer um die Illusion der ewigen Verliebtheit, Trauer um den Verlust der durch Treue erhofften Heimat und Sicherheit.

Die Ehe gibt dem Ganzen einen Rahmen, Regeln fügt die Kirche hinzu. Jeder hat, was er braucht. Wenn einer der beiden nun allerdings einen Seitensprung begeht, verlangt er mehr, als ihm zusteht. Er nimmt sich zu viel heraus, buchstäblich. Er gönnt sich Überflüssiges, das in der Beziehung keinen Platz haben darf. Das ist ungerecht, kündigt die Abmachung auf und muss in den meisten Fällen bestraft werden.

»Und wenn sie nicht gestorben sind …« – Narrative und Muster

In Paarbeziehungen entstehen und wirken sogenannte Narrative, also Geschichtenmuster, die eine Art Gerüst oder Form für das bilden, was sich im Laufe der Beziehung abspielen wird und wozu. Narrative können Überschriften haben wie »Es traf uns wie der Blitz« oder »Die Liebe wärmt wie stete Glut«, andere lauten »jahrelang habe ich um sie geworben, bis sie endlich ›Ja‹ sagte«. Wiederum andere Narrative sind die berüchtigten Urteile über Beziehungen, die alle kennen: »Nach zwei Jahren ist der Lack ab.« »Männer in einem bestimmten Alter schauen jedem Rock nach« und »Wir haben uns auseinandergelebt«. Ohne Überprüfung passen sich die individuellen Geschichten diesen Narrativen oder Skripts an, die vorformuliert scheinen und oft wenig Entfaltungsmöglichkeit lassen. Sie erleichtern den Beteiligten gleichwohl das Verständnis ihrer eigenen Befindlichkeiten und bieten Erklärungen für komplexe Vorgänge an.

Innen und außen in der Liebe

Gefühle von Verliebtheit sind anfangs über die Maßen interessant und genießen viel öffentliches Interesse. Ob Justin Bieber mit seiner neuen Freundin am Strand spazieren geht oder Leonardo di Caprio eine neue Verlobte hat: All das ist sehr spannend für die Konsumenten von Klatschzeitschriften und TV-Formaten – und für andere auch. Auch, dass Lea nun mit Fabian ausgeht, ist eine Weile hoch spannend. Liebeleien werden in unserer Kultur mit Eintritt in eine etablierte Liebesbeziehung allerdings Privatsache. Dauerhafte Liebe findet unter Ausschluss der Öffentlichkeit und höchst langweilig statt – zumindest bei normalen Menschen. Dass Leonardo di Caprio mit seiner neuen Freundin auf dem Sofa alte »Tom-und-Jerry«-Folgen schaut, ist vielleicht noch ein Paparazzo-Foto in der »in touch« wert. Wenn Hilde und Horst »Tatort« schauen, will das wirklich niemand mehr wissen. Während der Verliebtheitsphase sind wir alle Promis. Auf der Hochzeitsfeier bricht regelrechter Glamour aus, Braut und Bräutigam dürfen sich fühlen wie Kate und William. Danach wird es ruhig um die Beziehung. Sehr ruhig. Wie Beziehung geht, »das muss jeder selbst wissen«, heißt es. Beziehung ist in den Augen der Umwelt also Privatsache, obwohl Gesellschaft und Religion, Kultur und Sozialisation sehr wohl deutliche Worte mitreden, auch in den intimsten Momenten. Wir sind mehr als unser Körper und unser Geist. Uns beeinflusst mehr als das, was der Partner gerade tut. Unser Denken wird nicht nur von uns allein gesteuert, sondern von Glaubenssätzen, Konventionen, Überzeugungen, Verboten und Idealen. Sie wirken von außen und von innen heraus, unmerklich und subtil, bis unter die Bettdecke. Das kulturelle Erbe wirkt viel stärker als das biologische. Da aber die romantische Zweierbeziehung als selbstverständlich und dauerhaft im Privaten isoliert angesehen wird, bleiben äußere Faktoren wie Medien, Ökonomie, Kultur und Pädagogik zu Unrecht oftmals als »profan« oder »irrelevant« oder gar »unromantisch« in der Kommunikation von Paaren ausgeklammert. (»Was hat unsere Liebe bitte schön mit Soziologie zu tun?«) Die genannten Faktoren haben aber durchaus prägenden Einfluss auf das Handeln von Partnern. Durch die Medien beispielsweise bekommen Paare jeden Tag aufs Neue vorgeführt, dass die Liebe irrational, verrückt, wahnsinnig oder zumindest erregend sein müsse – und zwar dauerhaft. Ansonsten sei man mit seinem Anspruch an »the pursuit of happiness« kläglich gescheitert.

Die romantische Zweierbeziehung und ihre Regeln

> Untreue muss nicht zur Trennung führen, wenn klar wird, dass sie nur in der allgemein verbreiteten Beziehungsform solch verheerenden Schaden anrichten kann.

Nur die eine, die magische und schicksalhafte, unerklärliche und irrationale Seite der Liebe ist in unserer Romantik-Kultur erwähnenswert. Diese romantische Zweierbeziehung ist das Modell all unserer Liebesvorstellungen und prägt, was wir als Liebe betrachten. Und das ist ehrlicherweise eigentlich nicht der Zustand der Liebe, sondern der Verliebtheit. Das Werben, das Anhimmeln, der Wahnsinn der Leidenschaft – das ist es, was in unserer Kultur als »Liebe« bezeichnet wird. Es gibt keine TV-Serien über Bausparverträge und keine Love-Songs über ehelichen Geschlechtsverkehr. Beziehungen werden irgendwann in den Augen der Öffentlichkeit zur Gewohnheit. Das Narrativ hier ist, dass sie vom Wahnsinn der ersten Wochen unvermeidlich in den Alltag abrutschten. Sie schliffen sich ein, heißt es, Bedürfnisse würden zurückgestellt. Zum Teil mag das stimmen. Rücksichten auf Bedingungen, auf Kinder und auf den anderen Partner gehören zum Beziehungshandwerk dazu. Bindung ist schön, aber eng. Manchmal ist Bindung auch langweilig. Und sehr häufig wird es in Beziehungen eng und enger, die Luft, die zum Anfachen der kulturell so hoch bewerteten Leidenschaft gebraucht wird, scheint auszugehen. Manchmal verlieren sich Partner aus den Augen, wissen nicht mehr miteinander umzugehen, Themen scheinen unaussprechlich zu werden. Sexuelle Wünsche sind oft die ersten, die zugunsten eines friedlichen gemeinsamen Nenners zurückgedrängt werden.

Bedürfnisse und Ausflüge

Untreue muss nicht zur Trennung führen, wenn man sich klarmacht, dass auch ihre Bewertung auf Definitionen beruht. Welche ist Ihre?

Parallel zum Wunsch nach Bindung zu einem besonderen Menschen haben Menschen früher oder später aus den unterschiedlichsten Gründen vielfach das Bedürfnis, die Zweierbeziehung für ein sexuelles Abenteuer oder einen emotionalen Alleingang ohne den Partner kurz- oder längerfristig zu verlassen. Dieses Bedürfnis ist manchmal sehr stark ausgeprägt, andere Menschen kennen es gar nicht – so ist das mit Bedürfnissen. Insofern fällt es manchen Menschen leichter, ein Leben lang treu zu sein, anderen schwerer. Manche sind träger, was die genannten Bedürfnisse angeht, andere sind aktiver. Tatsache ist: In fast 75 % der Ehen tritt früher oder später ein Fremdbegehren ein, vorsichtige Schätzungen sagen, dass diesem in 30 % der Fälle auch nachgegangen wird. Andere Studien sprechen sogar davon, dass 80 % der Menschen irgendwann in ihrem Leben einmal fremdgegangen sind. Hierbei ist zu berücksichtigen, dass Fremdgänger oft wiederholt den Kontakt ins Außen suchen. Die Unterschiedlichkeit in den Ergebnissen schwankt stark, je nachdem, in welchem Kulturkreis und mit welchem Erhebungsziel gefragt wird. Es hängt also immer davon ab, wer wo in welchem Zusammenhang und Umfeld wen wie fragt. Außerdem ist relevant, wie ehrlich die Befragten sind, wie ein Seitensprung moralisch in der jeweiligen Kultur verstanden und wie er überhaupt definiert wird. (In einem Land wie Japan zählt beispielsweise keine sexuelle Praktik außer dem Geschlechtsverkehr als Ehebruch. Hier werden Statistiken unzuverlässig.) Belastbare Statistiken hierzu sind schwer zu finden.

In vielen Fällen möchten die »Fremdbegehrer« nach dem Seitensprung wieder ihre angestammte Zweierbeziehung fortführen, denn diese hat durch lange Bindung, eventuell Kinder und Familie höchste Sicherheit und eine Qualität, auf die sie nicht verzichten möchten. Dort sind sie zu Hause und gut aufgehoben, wenn ihnen diese Beziehung auch nicht immer alles gibt, was sie brauchen. Gesellschaftliche Normen machen diese Rückkehr aber oftmals unmöglich. Der Seitensprung, das Fremdgehen, die Affäre stehen nämlich unter extremer Sanktionierung. Wer die Zweierbeziehung verlässt, wird in vielen Kulturen pathologisiert: »Der hat Bindungsangst«, oder dämonisiert: »Die hat einen schlechten Charakter.« Während die Gesellschaft und die wertgebenden Institutionen mit dem Finger auf die schwachen Sünder zeigen, glorifiziert die Gesellschaft gleichzeitig den Kitzel des Seitensprungs, die Schmetterlinge des Neuen, die Unvernunft, das Rauschhafte und Orgiastische. Die Verwirrung der Verliebtheit, die Faszination des Neuen und die Hingabe an das Schicksalhaft-Romantische werden in unserem Kulturkreis wie Götzen verehrt. Die romantische Zweierbeziehung ist eben das Ideal, dem alle folgen, und die definiert sich über die Liebeswerbung, nicht über kalte Füße im Ehebett. In dieser Zwickmühle stecken alle, die in der entsprechenden Situation die Grenzen von Konvention, Moral und / oder Selbstdisziplin nicht einhalten konnten oder wollten.

> Für Männer ist ein Seitensprung definitiv die Möglichkeit, »Dinge auszuprobieren, die mit der Partnerin nicht ausgelebt werden konnten«. Frauen sind da mit 15,3 % deutlich weniger experimentell. Stattdessen ziehen sie aus dem sexuellen Abenteuer vor allem ein gesteigertes Selbstwertgefühl. 27,4 % nennen die Tatsache, sich »wieder begehrt zu fühlen«, als wichtigstes positives Ergebnis ihrer »Seitensprung«-Erfahrungen. Für Männer spielt das mit 12,7 % nur eine untergeordnete Rolle.
> Quelle: Joyclub-Umfrage

Tabus und Verbote

> **Untreue muss nicht zur Trennung führen, wenn man verstanden hat, dass ewige Treue für alle eine Utopie ist. Eine vielleicht schöne, aber unerreichbare Utopie. Zwischen Utopie und Realität gibt es individuellen Deutungsspielraum.**

In diesem Widerspruch zwischen Glorifizierung der Verliebtheit und der Dämonisierung der Untreue entsteht eine Zone des Unaussprechlichen. Zerrissen im Spagat zwischen Anspruch und Realität können viele Paare nicht mehr ehrlich und offen über ihre Beziehung reden; können dem anderen ihre Ängste, Wünsche und Begehrlichkeiten nicht mehr offen kommunizieren, ohne fürchten zu müssen, dass sie damit ihr Gesicht, gesellschaftlichen Status oder ihren sicheren Platz in der Liebesbeziehung verlieren. Sie fürchten, der Romantik mit einem Veränderungs- oder Abwechslungswunsch den Todesstoß zu versetzen. Schweigen setzt ein. Das Tabu entsteht.

Ewige Treue für alle ist eine Utopie. Kein Zwang der Welt, weder durch Kirche noch durch Psychologen oder den Staat, hätte je die Neigung zur Abwechslung und die experimentelle Interaktion mit anderen Menschen unterbinden können. Viele Menschen wollen die Monogamie, aber sie können sie in aller Regel nicht ein Leben lang in Treue leben.

Und was nun?

Die Monogamie zu verdammen, für nichtig zu erklären und abschaffen zu wollen, wie es viele aktuelle Autoren und Wissenschaftler mit Verweis auf die anthropologische Disposition des Menschen fordern, ist aber kein universeller Weg zur Weisheit. »Treue ist auch keine Lösung«[5], heißt ein aktueller Ratgeber zweier hochgeschätzter Kollegen. Stimmt. Untreue aber auch nicht. Weder Treue noch Untreue lassen sich in Reinform praktizieren. Untreue ist also eine ebensolche Utopie wie Treue[6]. Polyamorie und Beziehungsanarchie sind für viele Menschen in unserer Kultur nicht einmal denkbar. Die alte, inzwischen statistisch durcheinandergebrachte Ordnung »treu, bis dass der Tod euch scheidet« wiederherstellen zu wollen, funktioniert ebenso wenig. Sie ist überkommen und überzeugt niemanden mehr von Herzen, sosehr sich das viele auch wünschen und gegenseitig versprechen. Keine der Varianten, die Polyamorie ebenso wenig wie die moraltheologisch verordnete Treue, werden von Paaren für praktikabel gehalten.

Die Schleichwege zwischen den Extremen »moralisch verordnete Treue« und »sexuelle Libertinage« sind von Unsicherheiten und der Überforderung ethischer Entscheidungen gekennzeichnet. Das Tabu und die Heimlichkeiten, das Verschweigen und die Schuld bilden gleichzeitig eine lukrative Einnahmequelle für Dienstleistungen und Produkte aller Art. Wer seine fehlenden Schmetterlinge im Bauch durch Konsumgüter oder Dienstleistungen kompensieren möchte,

5 Lendt, Holger, Fischbach, Lisa: »Treue ist auch keine Lösung«, Pendo-Verlag, 2011.
6 Vgl. Gambaroff, Marina: »Utopie der Untreue«, Psychosozial-Verlag, 2010.

findet tausenderlei Angebote zur Kurzweil. Wer eine Affäre plant oder sich die Schmetterlinge kaufen möchte, hat unendliche Möglichkeiten; von Porno bis Online-Portal, von Prostitution bis Sexforum. Hoteliers und Agenturen, Sauna-Clubs und Reiseveranstalter leben von der fortwährenden Suche nach ebendiesen Schmetterlingen.

Sex sells

So wird das unaufgelöste Tabu zum Wirtschaftsfaktor. Gleichzeitig wollen Staatsräson und Volkswirtschaft am Rahmen der Ehe und Zweierbeziehung nicht rütteln; schafft diese doch »dynamische Wachstumsgemeinschaften«, die dem Gedeih des Volkskörpers dienen. Getrennte Familien und Scheidungswaisen, im Alter zu versorgende Alleinstehende sind für die Staatskasse teuer und für die Verwaltung aufwendig. Darum fördert der Staat die Ehe. Die staatlich geschlossene Ehe sorgt dafür, dass der Finanzminister sichere Zahlen zum Rechnen hat und sich die Beteiligten gegenseitig um sich kümmern. Hierdurch spart er sich viel Arbeit – und Geld. Die bürgerliche Ehe ist immer noch diejenige, die für eine Staatsräson am einfachsten zu behandeln ist. Dass die meisten Menschen sich überhaupt nicht bewusst darüber sind, mit dieser Versorgung und Förderung auch eine Rechnung auf Gegenseitigkeit einzugehen, und dass sie die Vorzüge der Ehe nicht geschenkt bekommen, ist den wenigsten klar, wenn sie sich mit Hochzeitskleid und Kutsche ausstatten. Die Magie der romantischen Zweierbeziehung blendet zu sehr, die Schwärme von Schmetterlingen versperren die Sicht auf die Reichweite des moralischen Versprechens vor dem Altar und den Deal mit dem Staat.

Ideal und Realität

Untreue muss nicht zur Trennung führen, wenn man versteht, dass der andere zwar moralisch schlecht gehandelt hat, aber deswegen nicht in allen Lebensbereichen anzuzweifeln ist.

Die Desillusionierung über die Jahre und das Gefühl, um die wahre Liebe betrogen zu werden, wird oft auf den Partner abgewälzt, dem die alleinige Schuld für das eigene Unglück zugeschrieben wird. Viele Psycho-Ratgeber schlagen in ebendiese Kerbe. Wäre er oder sie nur irgendwie anders, dann, ja dann hätte die romantische Zweierbeziehung die Chance gehabt, der märchenhaften Vorstellung »und wenn sie nicht gestorben sind, dann lieben sie sich noch heute« zu genügen. Leider aber ist er ein Narzisst, sie beziehungsunfähig oder beide haben keinen Zugang zum Inneren Kind. Wäre das anders, könnte Beziehung gelingen. Da er oder sie nun aber inzwischen nur mehr Beziehungsnormalität oder gar Zersetzung, nicht aber Schmetterlinge im Angebot hat, man den anderen aber nicht so einfach zu ändern vermag, entstehen Flucht- und Rachepläne, die mithilfe der Seitensprung-Industrie in aller Heimlichkeit mehr oder weniger erfolgreich befriedigt werden. Diese Heimlichkeit birgt nach Einsatz finanzieller Ressourcen die Chance auf eine kurzfristige Entlastung. Gleichzeitig stellt sie das höchstmögliche Risiko für die Beziehung dar. Fremdgänger riskieren ihren sozialen Status und ihre Integrität. So stabilisiert die Seitensprung-Industrie auf paradoxe Weise das System. Zwischen der Unsicherheit über die Konsequenzen einer Trennung, der Sehnsucht nach dem lebenserhaltenden Elixier »romantische Verliebtheit«, zwischen materiellen, ethischen und biologischen Erwägungen entsteht eine dehnbare moralische Grauzone, in der alles gedeiht, was das Gewissen mit Konsumgütern beruhigt oder der Sehnsucht käufliche Entlastung verschafft.

»How to love« – für Anfänger

Die meisten Menschen wollen monogam leben, aber sie wissen nicht wie. Was sie nicht wollen, sind dauernde Schuldgefühle, Scham für eigene Bedürfnisse, Angst vor sozialer Isolation. Sie wollen keine dämonisierte Heimlichkeit und öffentliche Ächtung. Den meisten würde es reichen, wenn ein Austausch über eigene Bedürfnisse mit dem Partner möglich würde. Wenn eine Suche nach Lösungen kein Affront wäre, sondern alltäglicher Gesprächsgegenstand. Es würde ihnen genügen, wenn sie die passenden und angemessenen Worte fänden und wenn es ihnen nicht als persönliche Schwäche ausgelegt würde, dass sie sich manchmal Schmetterlinge und einen Himmel voller Geigen wünschen, manchmal einfach nur unanständigen, schmutzigen Sex.

Partner möchten Gefühle, Wünsche, Phantasien und Bedürfnisse angstfrei äußern dürfen. Wäre dies in breiter Masse möglich, entstände kein wachsendes Tabu zwischen den Liebenden. Könnten sie buchstäblich beherzt mit ihren Lüsten umgehen, wäre ein Dialog darüber möglich. Die Heimlichkeit fiele weg. Von der Heimlichkeit leben viele Gewerbe, wie oben beschrieben. Durch mehr Offenheit würde wahrscheinlich ein lukrativer Geschäftszweig für die Wirtschaft Einbußen erleben. Wo etwas nicht mehr heimlich ist, muss man die Diskretion auch nicht teuer bezahlen. Gleichzeitig würde die Zweierbeziehung eine wirkliche Stabilisierung und eine Dimension von Reife und Wahrhaftigkeit erfahren. Ob die Scheidungsraten sänken, ist Spekulation. An dieser Stelle wird der erste Betroffene zitiert. Ob Geliebte/r, Betrogene/r, Betrüger/in: In allen Aussagen finden sich viele Teilaspekte des Themas wieder, sodass man sie beliebig in den Text hätte einsetzen können.

Der Geliebte: Malte, 41

»*Ich habe Marie auf einer mehrtägigen Fortbildung kennengelernt. Wir sind Lehrer und haben die gleiche Fächerkombination. Sie schien weniger verbissen zu sein als die anderen Teilnehmer und war die einzige Frau unter Mitte fünfzig, so kamen wir irgendwann beim Mittagessen ins Gespräch, und bald sonderten wir uns von der Gruppe mehr und mehr ab. Wir tauchten in unsere eigenen Themen ein. Erst ging es um Schule und Klassen und unsere Wohnorte, eben ganz normale Themen. Kultur, Bücher, Kino. Wir mochten viele ähnliche Dinge. Sie erzählte viel von ihrer Familie. Ihr Mann, auch Lehrer, wollte unbedingt Schulleiter werden und arbeitete Tag und Nacht daran, alles richtig zu machen. Er plante seine Karriere am Zeichenbrett, war irre zielstrebig. Gleichzeitig wünschte er sich mit ihr ein zweites Kind. Ihre Tochter, Johanna, war noch klein. Sie wollte gerade kein zweites Kind, war sich unsicher in der Ehe mit ihrem Mann. Die Augenhöhe in ihrer Beziehung war ihr verloren gegangen. Jetzt erzähle ich schon wieder nur von Marie. Aber irgendwie ist das auch typisch für das, was weiter passierte. Wir redeten und redeten, und irgendwann weinte sie, und ich nahm sie in den Arm. Da schien sie ganz erschrocken, und ich war es auch, denn ich hatte mich innerhalb von wenigen Stunden so heftig in sie verliebt, dass mir alles andere egal war.*

In den Wochen drauf trafen wir uns zweimal. Einmal gingen wir spazieren, einmal kam sie zu mir. Ich muss dazu sagen, dass wir einhundert Kilometer voneinander entfernt wohnen. Als sie dann bei mir war, passierte, was passieren musste. Wir landeten im Bett. Es war ganz außergewöhnlich für mich, und in den Stunden mit ihr schwebte ich auf Wolke sieben. Ihr ging es genauso. Gleichzeitig merkte ich ihr schlechtes Gewissen. Und ich hatte auch eins. Maries Tochter war gerade mal vier Jahre alt. Wollte ich ihre Familie zerstören? Oder dazu beitragen? War ich egoistisch, wenn ich mit ihr eine Beziehung wollte? Marie war leidenschaftlich und zärtlich, aber besonders ›danach‹ auch irgendwie traurig. Ich konnte es ihr nachfühlen. Der Abschied war schlimm. Wir sahen uns sechs Wochen nicht. Erst waren Osterferien und sie mit ihrer Familie in Island. Dann musste sie auf Klassenfahrt. Dann musste ihr Mann auf eine Weiterbildung. Wir vermissten uns und schrieben uns epische Nachrichten. Wir planten die verrücktesten Sachen. Ob wir uns in einem Sexclub auf halber Strecke treffen sollten? Das wollte Marie dann auch wieder nicht. Es dauerte fast drei Monate, bis wir uns wiedersehen konnten. Sie hatte ihrem Mann etwas von einer zweitägigen Sportveranstaltung vorgelogen. Diese dauerte aber nur einen Tag, sodass wir eine Nacht zusammen hatten. Dazu musste ich aber in eine andere Stadt kommen, was für mich eine Anreise von drei Stunden bedeutete. Egal, mir war es das wert. Wir gingen essen und unterhielten uns, aber der Schwung vom ersten Mal kam nicht wieder. Es war ernsthaft und ein bisschen traurig. Im Hotel fand sie am Handy eine Nachricht von ihrem Mann vor. ›Ich muss ihn schnell anrufen‹, hat sie gesagt. ›Kannst du bitte so lange aus dem Zimmer gehen? Ich fühle mich sonst schlecht, wenn ich dich dabei ansehe.‹ Klar ging ich raus. Das Telefonat ging fast eine halbe Stunde, ihr Mann brauchte ihren Rat in irgendeiner beruflichen Sache. Ich tigerte währenddessen auf dem anonymen Hotelflur hin und her und fühlte mich erbärmlich. Meine Lust war weg. Sie entschuldigte sich tausendmal. Wir schliefen dann doch miteinander, aber es war nicht mehr wild, sondern irgendwie bedeutungsschwer. Traurig. Ich weiß, was ich ihr gebe und was ich ihr bedeute, sie schreibt es mir ja fast täglich. Ohne mich, so sagt sie, hat sie gar keine Freude mehr. Mit ihrem Mann schläft sie nicht mehr, damit das Thema ›zweites Kind‹ nicht dauernd zur Sprache kommt. Der meckert natürlich, ist aber so voll mit Arbeit, dass er sich ablenken kann. Sie weiß, dass sie sich trennen müsste. Aber ob sie dann mit mir leben wollte? Ich glaube, nein. Und sie will Johanna auch nicht die Familie nehmen. Sie ist zerrissen, und sie zerreißt mich mit. Ich bin blockiert. Ich will keine andere, ich weiß aber auch, dass ich sie nie werde haben können. Ich habe dem Mann gegenüber ein schlechtes Gewissen und finde ihn gleichzeitig blöd. Und wünschte manchmal, all das wäre nie passiert.«

4. Ein paar Seiten Geschichte – weil wir sonst unsere kulturelle Herkunft nicht verstehen

Ganz, ganz früher …

Wie haben Menschen zu Beginn der Menschheitsgeschichte zusammengelebt?[7] Ursprünglich waren die menschlichen Sozialverbünde sogenannte Gruppenfamilien. Zweierbeziehungen gab es nicht explizit, alle paarten sich mit allen, und bestenfalls die Mütter konnten im Nachhinein sagen, wer der Vater / die Väter ihrer Kinder war(en). »Alle mit allen – das hieß unter Umständen auch Mutter mit Sohn und Bruder mit Schwester. Mit der Zeit entwickelte sich aber daraus die Blutsverwandtschaftsfamilie, denn wie wir nach dem Stand der Forschung heute selbstverständlich wissen (aber unsere Vorfahren bedauerlicherweise viel zu lange nicht), erhöht die genetische Mischung mit Menschen anderer Familien sehr signifikant die Überlebensfähigkeit der Nachkommen und senkt die Rate geistiger Defizite bei den geborenen Kindern.«

Stämme, die darauf achteten, sich nicht untereinander zu paaren, sondern fremde Gruppenfamilien als Geschlechtspartner zu wählen, gediehen besser.

Paarungsfamilien

So bildete sich mit der Zeit eine sogenannte Paarungsfamilie heraus. Hier war zwar immer noch grundsätzlich der Verkehr mit anderen

7 Die Informationen des folgenden Absatzes stützen sich auf zwei Bücher. Camis, Venus: »Die Ehe im Wandel der Zeit«, VDM Verlag Dr. Müller, Saarbrücken 2007, sowie Thurner, Elmar: »Warum halten unsere Ehen nicht mehr?« Rhätikon Verlag, Bludenz, Österreich, 2007.

möglich, die Kinder lebten aber in einem Gefüge aus einer Hauptpartnerschaft und mehreren Nebenpartnerschaften. Das diente der Sicherheit und damit dem Überleben.

Da das Leben aus verschiedenen Gründen gefährlich war, wurde die Paarungsfamilie oftmals durch den Tod des männlichen Partners aufgelöst. Andere Männer traten an seine Stelle. Dabei ging es oft rabiat zu; die Frau wurde nicht unbedingt gefragt, mit wem sie sich paaren wollte und mit wem vielleicht auch nicht. Da eine große Kinderschar aber zum Überleben des Stammes beitrug, dominierte die Geburt vieler Kinder alle anderen Argumente. Nicht vergessen werden soll, dass auch das Leben als Frau riskant war, viele Geburten waren lebensgefährlich für Mutter und Kind. Infektionen oder Verletzungen führten sehr häufig zu einem verfrühten Tod. Die Kindersterblichkeit war immens hoch.

Eine weitere Entwicklung trat ein, als Haustiere gezähmt und gezüchtet wurden, also jemandem gehörten. Besitz und Land wurden bedeutsam. Statt herumzuziehen und das zu jagen, was vorgefunden wurde, konnten die Menschen nun selbst bestimmen, welches Tier sie nutzen oder essen wollten. Hiermit wurden die Menschen sesshaft, und damit gingen Hegemonie, Besitzdenken, Eigentümerverhalten einher. Nun gehörte nicht mehr allen alles, sondern alles jemandem. Dies wurde mit Beginn der Schriftsprache auch aufgeschrieben, damit man darauf verweisen konnte. Dabei wurde zwischen Menschen und Tieren, Grund und Boden nicht viel Unterschied gemacht. Die Frau gehörte dem Mann, die Kinder ebenfalls, Tiere sowieso, und in der aufkommenden Kultur z. B. der Griechen gehörten auch die Sklaven dazu. In der römischen Kultur bezeichnete »Famila« nicht etwa den liebenden Bund mit der Ehefrau und der Kinderschar, sondern alles, was zum Haus gehörte, insbesondere die Sklaven. Der Mann besaß mit dem Recht über Leben und Tod aller im Haus anwesenden Individuen alle Rechte. Hier markiert sich der Übergang von der Paarungsehe zur Monogamie.

Diese Monogamie entstand also durch und mit der Herrschaft des

Mannes und seinem Anspruch auf unzweifelhafte Nachkommen. In dieser Logik verwundert es nicht, dass er als Patriarch sich ganz selbstverständlich auch noch andere Frauen nehmen konnte, der Frau dies aber bei Todesstrafe verboten war.

Mehr als eine Ehe?

Bei den Griechen und Römern, auch bei den Germanen, existierten, kurz gefasst, mehrere Eheformen. Es gab vollwertige Ehen und Ehen minderen Rechts. Bei den Germanen beispielsweise war die sogenannte Muntehe diejenige, die von einem Vormund für die Braut arrangiert wurde. Sie brachte sozusagen einen Vorschuss ein, die Ehe wurde geschlossen, mit dem ersten Geschlechtsakt besiegelt, und am Morgen nach der Hochzeit wurde der Restbetrag der Mitgift ausgezahlt. Diese Ehe war gültig und unauflöslich.

Daneben gab es als gleichberechtigte Variante die »Friedelehe«, die freiwillig und aus Zuneigung geschlossen werden konnte. Hier übergab der Bräutigam seiner Gemahlin am Morgen nach der Hochzeit eine Morgengabe. Diese Ehe konnte von beiden Partnern wieder aufgelöst werden. Sie war, wen wundert es, die Eheform minderen Rechts, zumindest wurde sie als solche nach der Christianisierung noch eine Weile geduldet. Ist es nicht überaus interessant, dass die Ehe, aus der niemand freiwillig wieder herauskonnte, als die einzig wahre Eheform anerkannt wurde? Je mehr Geld im Spiel war, desto bindender war das Eheversprechen und als umso haltbarer wurde die Verbindung angesehen. Die Leser mögen das bitte im Kopf behalten, wenn es um die Zusammenhänge zwischen Ökonomie und Emotionen in der heutigen Zeit geht.

Im frühen Christentum existierten noch eine ganze Weile mehrere Eheformen nebeneinander. Im Laufe der Zeit wurden sie fast alle durch die christlich geprägte Einehe in oberflächlich freier Partnerwahl oder geschicktem Arrangement ersetzt. Das Mittelalter brachte eine Stabilisierung der politischen Einflussmöglichkeiten durch vorteilhafte Verheiratungen. Es wurde immer üblicher, Kinderehen zu arrangieren. Mit Liebe und Leidenschaft hatte das natürlich nichts zu tun. Angeheiratete Verwandte waren bei den damals pausenlos tobenden kriegerischen Auseinandersetzungen lebenswichtige Verbündete. Immer gut, wenn man dorthin einmal eine Tochter verheiratet hatte. Wie der afrikanische Stamm der Lao zu sagen pflegte. »Das sind unsere Feinde. Die heiraten wir.« Insofern war die eheliche Treue (der Frau) noch wichtiger, denn es war undenkbar, dass ein illegitimes Kind einer anderen Sippe mit großgezogen wurde. Untreue der Frau wurde mit Verstoßung bestraft, die daraus entstandenen Kinder blieben mittellos und erbten nichts. Abstammung und Erbfolge bedeuteten alles. So sah es im Adel aus.

Adelige durften zu dieser Zeit ihre Ehen auflösen, meist, wenn der Mann seiner Gattin überdrüssig wurde. Dann wurden ihr ketzerisches Verhalten, Ehebruch, Trunkenheit oder andere Verfehlungen vorgeworfen, und sie durfte nichts als ihre Kleider nehmen und gehen. Den Katalog der Verfehlungen bestimmte die Kirche.

Im Bauernstand waren die Gewichtungen zwischen den Ehepartnern anders aufgeteilt. Während die Frau in ihrem Zuständigkeitsgebiet (alles, was im Haus und ums Haus zu tun war) das Heft führte, kümmerte sich der Mann um alles, was sich außerhalb des Hofs an Arbeit auftat. Die Frau erwarb sich ihre Rechte durch harte Arbeit in der landwirtschaftlichen Produktion.

Die Kirche versuchte peu à peu, die Ehe als Form des gewählten Miteinanders zu etablieren. Das war äußerst sinnvoll, um z. B. die immer noch übliche Heirat unter Blutsverwandten zu verhindern. Dies wiederum fand der Adel empörend, da er in der Ehe zwischen nahen Verwandten einen Weg sah, Vermögen in der Familie zu halten. Die Kirche reklamierte das Heiratsgeschäft zwischen dem 14. und 16. Jahrhundert komplett für sich. So war es inzwischen beispielsweise nicht mehr der Vater, der dem Schwiegersohn die Tochter zur Frau gab, sondern er übergab die Frau an den Priester, der dann die Hände der Brautleute ineinanderlegte. So hatte die Kirche den Platz zwischen dem Brautpaar und seinen Familien besetzt und ein wichtiges Terrain erobert. Bald darauf waren alle anderen Eheformen untersagt. Nur noch die vor Gott und Kirche nach festem Ritual geschlossene Verbindung zählte und wurde akzeptiert.

Außereheliche Beziehungen wurden in diesem Zuge verdammt und verboten, ebenso vorehelicher Geschlechtsverkehr und Prostitution. Das galt theoretisch für beide, praktisch war aber nur den Frauen das außereheliche Treiben verboten. Indem die Kirche sich so in das Leben der Gläubigen einbrachte, erwarb sie große Macht über das Private. Überall, wo sich einst Menschen nach Trieb und Lust miteinander zusammentun konnten, drohte nun die Sünde und mit ihr die Verdammnis.

Alle Menschen sind gleich – aber manche gleicher ...

Ausgenommen waren die herrschenden Schichten, die es sich leisten konnten, vor Gott geschlossene Beziehungen einzugehen und dennoch einer ausschweifenden Sexualität zu frönen. Für sie war es normal, dass Ehen nur fürs Protokoll geschlossen wurden und man sich selbstverständlich noch mehrere Nebenpartner und Lustbedienstete erlaubte. Das Deckmäntelchen der christlich geschlossenen Ehe verbarg gnädig alles darunter Liegende. Was in der Ehe geschah, war Etikette, was draußen passierte, Amüsement.

Ehe und Ehebruch waren für die Angehörigen niederer Stände bis zum 18. Jahrhundert überhaupt kein großes Thema. Ehen wurden nach praktischen und pragmatischen Gesichtspunkten geschlossen, für Romantik war weder Platz noch Zeit. Die Menschen starben jung, hatten viel Arbeit, die sie kaum bewältigen konnten, sie kämpften mit Krankheiten und Verfall, und ihr Bestreben in der Ehe war es, so schnell wie möglich so viele Nachkommen wie möglich zu zeugen, die dann die Eltern bei der Arbeit entlasten und ihnen einen gesicherten Lebensabend versprachen. Dieser Lebensabend war nicht minder anstrengend, aber da die Leistungsfähigkeit schnell abnahm, brauchten die Alten jemanden, der sie trotz ihrer erwerbsmäßigen Nutzlosigkeit pflegte und ernährte.

Sexuelle Lust oder Zärtlichkeiten waren weitgehend unbekannt, küssen galt als unmännlich, der Sexualakt wurde eingefordert und meist gewährt, da der Mann als Bestimmer und Besitzer der Frau alle Rechte genoss, Prügelstrafe und Tötung eingeschlossen. Das galt zumindest für niedrige soziale Schichten. Im Adel und Geldadel sah die Sache vollkommen anders aus.

Let's get bürgerlich!

All das erfuhr eine drastische Veränderung mit der Industrialisierung. Eine neue Schicht entstand und mit ihr eine neue Art von Ehe, die auch heute noch in ihren Grundzügen besteht: die bürgerliche Ehe. Sie wurde von neuen Lebensumständen geprägt. In Abgrenzung zum Industrieproletariat, das um das Existenzminimum kämpfte und unter teilweise unmenschlichen Umständen viele, viele Kinder zur Welt brachte, von denen ein Großteil aufgrund mangelnder Versorgung und Hygiene nicht überlebte, siedelte das Bürgertum auf materiell solidem Boden. Mann und Frau schufteten nicht mehr Seite an Seite in Haus, Hof und Feld, sondern der Mann entschwand zum Arbeiten in die neu entstehenden Fabriken, wo er sich im Büro umtat, oder er arbeitete als Lehrer, in der öffentlichen Verwaltung, der leichteren Produktion oder anderen relativ ungefährlichen Orten. Maschinen begannen, schwere Tätigkeiten zu übernehmen. Ausgebildete Menschen hatten also gute Chancen, der Plackerei in Fabriken oder auf dem Feld zu entgehen. Die Frauen blieben mit den Kindern zu Hause, dies war ein Zeichen von Wohlstand. Sie übernahmen alles, was mit der Kinderpflege und -aufzucht verbunden war. Der Begriff der Erziehung wurde geprägt. Solche Ehen wurden offiziell freiwillig und selbständig geschlossen. Da Frauen allerdings auf das Dasein innerhalb einer Ehe mit einem sie versorgenden Mann hin sozialisiert wurden, lernten sie eben auch nur »weiblich-wichtige« Dinge, »soft skills«, wie man heute sagen würde, und daneben Hausarbeit und Musik. Sie trennten sich nicht einfach von ihren Männern, auch wenn diese ihre Bedürfnisse nicht erfüllten.

Ihnen fehlten die materiellen Ressourcen, ohne Mann zu überleben. Frauen, die auf dem Heiratsmarkt schwer zu vermitteln oder gar nicht bereit waren, sich ehelich zu binden, wurden »alte Jungfern«, die unter erheblichen finanziellen Belastungen von der Herkunftsfamilie oder mit Glück von der Familie verheirateter Geschwister mit versorgt wurden. Sexualität war bei Weitem nicht das Zentrum der Beziehung, sondern aufgrund der strikten Sexualmoral ein tabuisiertes Nebenprodukt der Ehe. Der medizinische Fortschritt sorgte dafür, dass weniger, aber gesündere Kinder mit einer guten Lebensprognose geboren wurden. Schon allein, um den Wohlstand zu wahren, war eine übermäßig große Kinderzahl nicht erwünscht. Dafür zu sorgen, dass diese Kinderzahl das verträgliche Maß nicht überstieg, war Aufgabe der Frau, die sich in Enthaltsamkeit übte und den Gatten bremste, wenn dieser sich ihr zu offensiv in sexueller Absicht näherte. Diese Praxis führte zu geringeren Geburtenzahlen, weniger Todesfällen im Kindsbett und längerer Lebenszeit der Frauen, die sich so eine gewisse Position erwarben.

Ehen wurden nach einer geregelten Phase der Werbung um die Braut geschlossen, Romantik und Liebe wurden idealisiert und sehr hoch bewertet. Gleichzeitig war es das Bestreben der Eltern, für ihre Töchter eine »gute Partie« zu finden. Ein Mann von »Stellung und guten Sitten«, wie es in Theodor Fontanes »Effi Briest« heißt, wurde natürlich vorgezogen, und die Liebe zu ihm war »natürlich« ungleich größer als zu irgendeinem mittellosen Taugenichts.

Männer verschafften sich vor der Ehe sexuelle Erfahrung. Selbstverständlich kamen dafür nicht die höheren Töchter infrage, die den Wert ihrer Jungfräulichkeit sorgfältig zu hüten hatten, sondern Dienstmädchen oder Prostituierte. Die erfahrenen Männer, die nun sehr lange um ihre Braut geworben hatten, pochten in der Hochzeitsnacht auf ihr eheliches Recht. Die von jeglicher Sexualität abgeschirmt aufgewachsenen Bräute hingegen waren in der Regel voller Angst und Unsicherheit. Vergewaltigungen und Traumata waren nicht selten und bedeuteten einen schlimmen Fehlstart in die Ehe. Kinder folgten in aller Regel recht bald, die Ehe ging in der Familie auf, eine Paarbeziehung in romantischer Zweisamkeit fand nicht mehr nennenswert statt. Alles war »Familie«, »Liebe« wurde zweitrangig. Die Interessen der Eheleute drifteten immer weiter auseinander, ein »Nebeneinander« war die Regel.

Auch hier fällt auf, dass eine Unterscheidung in innere und äußere Bereiche vorgenommen wird, wie sie auch heute noch spürbar ist. Das Heim, durch die Mutter sorgfältig gepflegt, wird zum hermetisch abgeschirmten Raum, der Mann und Vater übernimmt alle Geschäfte im Außen.

Bürgerliche Liebe – ein Dauerbrenner

Untreue muss nicht zur Trennung führen, wenn Paare ihre eigene Liebesvorstellung als von bürgerlichen Werten geprägt erkennen. Mäßigung und Zügelung eigener Begierden sind Werte, die in unserer Kultur historisch hoch gehandelt werden.

Und wie machen es die Bürger?

Das Bürgertum schuf sich seinen bescheidenen Reichtum durch Sparsamkeit und Fleiß selbst. Konsum war so zu dosieren, dass Wertschöpfung stattfand, aber Ressourcen geschont blieben, die für die Expansion und Etablierung der eigenen Klasse notwendig waren. Die Zukunft wurde relevant. Geld war nicht einfach »immer da« wie bei den Angehörigen der Aristokratie, aber eben auch nicht immer »weg« wie bei den Tagelöhnern und vielen Bauern. Das Bürgertum hob sich von den »stumpfen Bauern« und den »sündigen Superreichen« deutlich und bewusst ab, insbesondere was seine Werte anging. Entstanden aus dem Bedarf nach Verwaltung, Ordnung und Sicherheit des Lebens, bildete sich eine Schicht heraus, in der es weder um Bewahrung des jahrhundertealten Reichtums ging noch um die Schaffung eines Minimalvermögens für schwere Zeiten. Durch Mäßigung in vielen Bereichen und Zurückhaltung der innerlich schäumenden Gefühle sollte das mühsam Erarbeitete gesichert werden. Begleitet und dynamisiert wurde diese Phase von literarischen Einflüssen aus der Epoche der Romantik. Autoren wie Novalis lenkten zum ersten Mal von der Öffentlichkeit beachtet den Fokus auf menschliche Befindlichkeiten, Emotionen und Zustände. Dies prägte den Umgang der Bürgerlichen miteinander, die begannen, Wert auf tiefe, aber geordnete und vor allem regulierbare Emotionen zu legen. Sie hatten relativ viel Zeit für solche Gedanken, denn ihre Arbeit ermöglichte ihnen so etwas wie geregelte Freizeit. Regelmäßige Einkommen und Honorare für getane Dienste wurden selbstverständlich, was einen steten, aber bescheiden verwalteten Wohlstand ermöglichte. Die Angehörigen des Bürgertums erhoben ihre Fähigkeiten zur Mäßigung, die Bedeutung und Redlichkeit ihrer Gefühle und die sichtbare Performanz ihrer symbolhaften Rituale in Bezug auf Ehe und Familie zum neuen Standard. Man suchte sich, so war das Narrativ, eine Person, die zu einem passte, verliebte sich und nahm sie nach einiger Zeit keuscher Werbung zur Frau, daraus folgte ewige Liebe. Das Schicksal traf die Liebenden, so sollte es sein, wie aus heiterem Himmel mit einer reinen Form der Liebe. So weit ging die neue Liebe freilich nicht, dass man sich irgendwen aus irgendeiner beliebigen Schicht einfach so aussuchen und lieben konnte. Doch fand man einen Partner innerhalb der Grenzen des eigenen Standes, so kleidete man diesen Fund in ein hübsches und aufwertendes Bouquet romantischer Blumen und stilisierte jede noch so arrangierte oder nützliche Heirat zu einer vom Schicksal gefügten Liebesverbindung, die vom verschämten ersten Anhimmeln bis zur züchtig durchlittenen Hochzeitsnacht alle Schritte vorgezeichnet hatte. Romane wie Theodor Fontanes »Effi Briest« erzählen davon. So fand die Liebe Einzug in die Ehe und damit auch in die Beziehung zu den Kindern. Durch die Rollen- und Arbeitsverteilung »Mann draußen in der Welt, Frau drinnen bei den Kindern« entstand auch die Grundlage für den bis dato nie in der Form verwendeten Begriff der Mutterliebe, die sich dafür einsetzt (und aufopfert), dass die Kinder es einmal mindestens genauso gut, möglichst aber besser haben sollten. Die Begriffe »Erziehung« und »Bildung« erhielten eine neue Bedeutung. Ihre Wirksamkeit wurde so dankbar erkannt, dass sie auch zwischen Erwachsenen probiert wurde. Der Mann als tendenziell ungestüm wahrgenommenes Wesen wurde durch die sanfte, aber beharrliche Hand der Frau zu einem tadellosen Ehegatten erzogen, der – für alle sichtbar – seine Familie im Sonntagsanzug durch den Stadtpark führte. Zu dieser Zeit wurden Fragen nach dem Einfluss der Sozialisation wichtig. Studien von der Zähmung und Unterweisung unzivilisierter Wilder waren für Wissenschaftler hochinteressant. Da wundert es nicht, dass manche Ehepartner in ihrem täglichen Gegenüber ebenfalls einen zu zähmenden Wilden sahen, bei dem durch geduldige Einflussnahme möglicherweise noch eine Wandlung möglich sei. Der Diskurs »Wie erziehen wir uns gegenseitig zu perfekten Partnern?« wurde hier geboren. Die Optimierung des Vorhandenen nahm hier ihren Anfang.

Alte Zöpfe

Die neue Arbeitsteilung und Wertgenese ließ ein Lebensmodell aufleben, das auch heute noch den Rahmen für Zweierbeziehungen schafft, wenn auch die Lebensbedingungen und gesellschaftspolitisch wirksamen Faktoren mit denen der Zeit des aufkommenden Bürgertums nicht mehr zu vergleichen sind. Menschen in Westeuropa wählen noch immer in (scheinbar) freier Entscheidung denjenigen Menschen als Partner, der ihnen die glaubhafteste Rückmeldung über sich selbst gibt, der sie am besten ergänzt, der ihnen versichert, sie ebenso zurückzulieben, wie sie selbst das tun, und der ihnen versichert, dass die Liebe zu ihnen selbst einzigartig und unvergleichlich sei. Liebe wurde zum höchstpersönlichen, nicht übertragbaren Geschenk. Sexuelle Treue zeigte, dass man sich des Geschenks würdig erwies. Die Kanalisierung der Liebe in Richtung des Partners vermied Unsicherheiten und Verluste. Die erotische Liebe ist nach wie vor das ausgewiesene Bindeglied zwischen den Partnern. Dass dies allein nicht mehr zu den Lebensbedingungen passt, die vor 250 Jahren galten, und dass man daran auch in der heutigen Zeit scheitern MUSS, wird später im Text nachzuweisen sein.

So bürgerlich sind wir: eine Zusammenfassung

Zusammenfassend lässt sich das Ideal der bürgerlichen Ehe so beschreiben:

1. Sexualität und Liebe gehören zusammen. Ohne Liebe soll man keinen Sex haben.
2. Ohne Liebe soll man nicht heiraten.
3. Die meisten Menschen möchten innerhalb der Ehe Kinder haben, und diese sollen sie ebenfalls lieben.
4. Liebe sollte für die Ewigkeit sein. Ihre wärmende Glut sollte bis zum Tod der Partner für Geborgenheit sorgen.
5. Eine Zweierbeziehung wird zwischen zwei im Kern völlig unterschiedlichen Individuen geschlossen, die sich ergänzen und anregen. Beide haben einen unverwechselbaren Horizont, und nur wer diesen zu erkennen und zu vervollkommnen vermag, eignet sich als Partner. Man möchte in der Liebe erkannt und in der Einzigartigkeit des eigenen So-Seins exklusiv akzeptiert werden.
6. In der Liebe gibt es nur »innen«. Der Kern schützt sich vor den Einlassungen der Außenwelt. Was den Beruf, die Politik oder das Weltgeschehen angeht – es mag draußen bleiben.
7. Glück und Zufriedenheit sind der Gradmesser für den Erfolg der Ehe.

Es war ja nicht alles schlecht …

Diese Bedingungen und Voraussetzungen sind den meisten Westeuropäern so vertraut, dass niemand sie ernsthaft infrage stellen würde. Dennoch bergen sie auf die Dauer einer lebenslangen Beziehung eine Menge Zündstoff und stellen an die Beteiligten hohe Ansprüche. Die moralische Verpflichtung zur gemeinschaftlichen und doch individuellen Suche nach dem Glück ist ein Leitmotiv, das auch heute noch eine starke Wirkung entfaltet. Nicht nur der passende Partner sollte gefunden werden, er oder sie sollte auch noch nach vielen Jahren angehimmelt und verehrt werden. »Werdet glücklich miteinander!« Die Liebe soll es richten. Wer liebt, so ist also die logische Konsequenz, ist automatisch glücklich und zufrieden, findet Erfüllung und braucht nichts weiter. Wer nicht mehr glücklich ist, wem etwas fehlt, der passt irgendwie nicht, hat sich nicht ausreichend angestrengt oder ist einfach auf seltsame Weise verkorkst. »Liebe ist, wenn Treue Spaß macht.« Was, wenn die Treue keinen Spaß mehr macht? Ist es dann keine Liebe mehr? Und muss man dann die Beziehung nicht auf der Stelle beenden, da die Liebe doch das einzig zulässige Argument für eine Nahbeziehung ist?

Wer wird denn gleich gierig werden?

Gleichzeitig werden Verzicht und Mäßigung als Werte hochgehalten. Übermaß und Ekstase sind verdächtig, Krisen, Ausschläge nach unten oder oben werden kritisch beäugt. Streit ist privat, Ekstase ebenfalls. Nach außen soll alles ordentlich wirken. »Wir haben unser Leben und unsere Liebe im Griff.« Vielleicht ist das die Erklärung dafür, dass eine der häufigsten Stereotype, die ein Paartherapeut zu hören bekommt, die »alle hielten uns für das perfekte Paar« – Floskel ist. Für dieses Image braucht es ungeheure Selbstdisziplin. Im Wettbewerb um den größtmöglichen gegenseitigen Verzicht überbieten sich manche Paare und verzichten auf Spaß, Lust, die Erfüllung eigener Bedürfnisse, Worte und Wahrheiten. Die Liebe soll Wärme und Freude spenden, aber nicht lodern, niemals die Kontrolle verlieren. Eigene Wünsche werden in einer Art Challenge immer weiter zurückgeschraubt und in die unterste Schublade der Kommunikation verbannt, manchmal so lange, bis nichts mehr von den einzelnen Persönlichkeiten erkennbar ist. In der Therapie gab ein Paar einmal an, die letzten Jahre bis zum Seitensprung hätten sie in einer Art paralleler Isolationshaft zugebracht, weit entfernt von der eigenen Persönlichkeit, mit den elementaren Kommunikationsfragmenten zufrieden und abgespalten von sich selbst und dem anderen, immer wieder Konflikte vermeidend und sich selbst zuredend: »Man kann eben nicht alles haben.«

Sexuelle Experimentierfreude, offener Austausch über erotische Bedürfnisse oder Toleranz für das Abjekte[8] in jedem einzelnen Individuum sieht das bürgerliche Modell mit seiner Mäßigungs- und Verzichtsethik nicht vor. Dinge, über die man nicht sprechen konnte und die in der Literatur nicht verbreitet wurden, klammerte das bürgerliche Beziehungsmodell aus – bis heute. Zu diesen ausgeklammerten Themen gehören auch Gelüste nach Sex mit Dritten. Die gab es auch zur Zeit des entstehenden Bürgertums, was wohl nicht überraschen wird. Was die Treue anging, so folgten auch Seitensprünge vor 270 Jahren klaren Gesetzmäßigkeiten.

Die Frau – das lustlose Wesen?

Frauen hatten, so die damals landläufige Überzeugung, ohnehin keinen Bedarf an Seitensprüngen, da sie sich nur aus Liebe dem einen besonderen Versorger und verehrten Gatten hingaben, oft zähneknirschend. Ansonsten wurde die Ehefrau als begierdefrei in ihrem Wesen vermutet. War sie dennoch offen für die Avancen eines anderen, lag das sicherlich an zu vielen konsumierten Liebesromanen oder falschem Umgang. Folglich war die Ehe sowieso komplett und unwiderruflich am Ende, wenn sich die Frau zum Fremdgehen hinreißen ließ. In der Literatur finden sich einige Beispiele für treulose Frauen, die allesamt tödlich enden, man denke nur an Anna Karenina, Effi Briest oder Madame Bovary[9]. So unterschiedlich diese Romane auch in ihrer Botschaft sind – die eine Ansprache verstanden sicher alle Leserinnen: Untreue Ehefrauen leben gefährlich. Gegenbeispiele mit männlichen

8 Unter dem Kunstbegriff des »Abjekten« ist die Neigung des Menschen zu verstehen, seine Grenzen auszuloten. Viele Menschen haben Neigungen zu verbotenen oder als widerwärtig oder sinnlos betrachteten Handlungen. Sie sind »abjekt«, als Verneinung des Begriffs »Subjekt«.

9 Vgl. Matz, Wolfgang: »Die Kunst des Ehebruchs, Emma, Anna, Effi und ihre Männer«, Wallstein Verlag, Göttingen, 2014.

Fremdgängern, die aus Kummer dahinsiechen, sich vor Züge werfen oder auf sonstige tragische Weise für ihren Fehltritt büßen, gibt es wohl deutlich weniger. Als Geschiedene blühten der Fremdgängerin Ausgrenzung und materieller Verlust bis hin zur Existenzbedrohung. Insofern unterließ es eine Frau besser, sich anderen hinzugeben, oder lebte ihre abseitigen Gelüste so diskret aus, dass es möglichst niemand je bemerkte. Scheidungen waren eine exotische Ausnahme. Selten »brannte« eine Frau mit dem Nebenbuhler »durch«. Diese raren Fälle waren eher Stoff für wieder neue Liebesromane, denn wie groß musste die romantische Liebe sein, wenn eine Frau für einen Fremden alles aufgab?

Und die Männer? Männer gingen fremd, ganz klar und einigermaßen offensichtlich. Doch sie taten dies meist gern mit Frauen unterhalb ihres eigenen Standes, mit Dienstmädchen, kleinen Angestellten oder Prostituierten, die keinen Anspruch auf ihre Ressourcen erhoben. Was blieb der Partnerin übrig, als diese Seitensprünge als »typisch männlich« zu dulden, sie durch ihre erwähnte beharrliche Erziehung wegzutherapieren oder sich scheiden zu lassen – mit all den Konsequenzen wie Statusverlust und materiellen Einbußen? So wurde also von männlichen Eskapaden nicht viel Aufhebens gemacht, meistens wurde weggesehen. Die Kirche mit ihren Drohszenarien sorgte für das schlechte Gewissen, das musste reichen. Den Rest erledigte die soziale Kontrolle durch die erweiterte Familie.

Männer sind spießig – Frauen auch!

Untreue muss nicht zur Trennung führen, wenn beide miteinander darüber sprechen, ob sie mit der Rollenverteilung in ihrer Beziehung zufrieden sind – und ggf. etwas daran ändern.

In der bürgerlichen Ehe, wie sie sich vor ca. 250 Jahren etablierte, waren die weiblichen und männlichen Rollen also klar besetzt. »Sie« sorgte für heimelige Wärme im Haus und für gute Atmosphäre, »er« kämpfte sich in der Arbeitswelt ab und erwartete zu Hause Entspannung und Gemütlichkeit. In diesem Diskurs des gegenseitigen spiegelnden Bezogenseins nach dem »Topf-und-Deckel«-Prinzip befinden sich viele Paare noch heute. Wer gefunden hat, was er suchte, also das passende Gegenstück, setzt sich zur Ruhe.

Führt man die Gedankenstränge »Narrative« und »Bürgertum« zusammen, so ergibt sich insbesondere in Deutschland ein interessantes Bild. Hier hatte das Bürgertum allein im letzten Jahrhundert zwei existentielle Krisen zu durchlaufen. Der Nationalsozialismus und der Sozialismus in der DDR verstanden sich als antibürgerliche Gesellschaften. Vielleicht trugen diese Brüche zu der permanenten deutschen Sehnsucht nach Bürgerlichkeit in ihrem besten Sinne bei. Im Sinne von Möglichkeiten zum Wachstum, im Sinne von Gleichberechtigung und Bildungschancen, aber auch im Sinne verlässlicher Bindungen und Zugehörigkeit bietet dieses Modell beste Chancen. Das Bürgertum scheint den meisten Menschen unseres Kulturkreises die angenehmste Vorstellung des Zusammenlebens zu sein. Für die intime Nahbeziehung allerdings bietet das Bürgertum traditionell genau ein Modell an, nämlich das im letzten Absatz vorgestellte mit all den Ansprüchen der romantischen, unbedingten Liebe und der Zuschreibung der Geschlechterrollen. Diese Rollen sind klar verteilt. Nicht einmal die Frauenbewegungen des letzten Jahrhunderts vermochten daran zu rütteln, dass die Muster und Grundannahmen von »Mann und Frau« prinzipiell immer noch nicht stark von dem abweichen, was zu Anfang des 19. Jahrhunderts postuliert wurde. Hier entstand ein Anachronismus. Die bürgerliche Ehe entwickelte sich an manchen Stellen weiter, die Vorstellung der romantischen Liebe aber nicht. Deswegen hinkt die romantische Liebe der kulturellen Evolution hinterher. Sie ist im praktischen Leben emanzipierter Paare ein liebenswerter Anachronismus.

Und sonst?

Nach dem Ersten Weltkrieg gab es einige Ansätze, diese strikte Aufteilung zu lösen. Mit der beginnenden Erwerbstätigkeit der Frauen in bürgerlichen Ehen rückte die Paarbeziehung längerfristig in den Vordergrund. Interessante Modelle wurden entwickelt wie z. B. die vom amerikanischen Jugendrichter Ben Lindsay vorgeschlagene »Kameradschaftsehe«, die Paaren das Zusammenleben in einer jederzeit auflösbaren »Ehe light« nahelegte. Hier sollten Eheleute unter der Wahrung von Geburtenkontrolle zusammenleben. Sie sollten jederzeit auseinandergehen können, und das ohne gegenseitige Unterhaltsverpflichtung. Hierzu war die Erwerbstätigkeit der Frauen Voraussetzung. Die Beziehung sollte geprüft und probiert werden können. Sollten Kinder geplant werden, würde diese Eheform dann in eine Familienehe übergehen, die nicht aufkündbar sei und sich durch die gegenseitige finanzielle Verantwortung auszeichnete. Dass die Kirchen und Konservativen gegen diese Ideen Sturm liefen, ist leicht vorstellbar.

Spurlos vorbeigezogen?

So viele geschichtliche Ereignisse hätten die Moralvorstellungen sowie die Annahmen über das, was Liebe und Partnerschaft ausmache, beeinflussen können, doch weder das Frauenwahlrecht noch die Frauenbewegungen und nicht einmal die sexuelle Revolution oder die Verbreitung der Pille und die der »Pille danach« konnten daran etwas ändern. Im Gegenteil: Heute wird in deutschen Popsongs traditionalistisches Gedankengut transportiert (»Gib mir nur ein kleines bisschen Sicherheit« – Silbermond), das Ideal von exklusiver Liebe und auch das von Mutterschaft (»… schnell nach Haus, erst mal für die Kleinen kochen«, Max Giesinger) glorifiziert. Am Vatertag wünscht sich eine Radiohörerin auf WDR2 für ihren »wunderbaren Mann, der ihr alle Wünsche erfüllt und sie auf Händen trägt«, einen Song von Guns 'n Roses. Warum konnte die 68er-Generation mit ihren vergleichsweise liberalen Ansichten über Liebe und Sexualität an der Grundeinstellung unverbrüchlicher Treue und der Zuordnung »Männer sind triebhaft, Frauen wollen Liebe« oder auch »Männer sind ritterlich, Frauen lassen sich gern bedienen« nichts ändern?

Das hat ganz einfache Gründe: Zum einen führte die Befreiung der Sexualität der Frau nicht zu einem wilderen Leben, wie man hätte annehmen können, sondern zu einer auf Dauer noch stärkeren Romantisierung. Da Frauen mit dem Aufkommen der Pille im Grunde mit jedem hätten schlafen können, den sie nur halbwegs attraktiv gefunden hätten, wurde es nach einigen Jahren der Erfahrung offenbar notwendig, die Sexualität qua Romantik wieder einzugrenzen. »Aber mit dir schlafe ich nur, weil ich dich liebe.«[10] Gerade die Verhütung markiert wieder Rituale und Grenzen, die eine Beziehung entweder in »Liebe« oder »nicht so viel Liebe« umschwenken lassen und den Unterschied zwischen »Affäre« und »etwas Ernstes« deutlich werden lassen. In ihrem Buch »Fremdgehen« beschreibt Pamela Druckerman die Gepflogenheiten der Untreue in Südafrika. Sie führt aus, wie schlecht AIDS-Präventionskampagnen dort anschlagen, ging der Sache auf den Grund und interviewte Frauen, die selbst bereits infiziert sind und infizierte Männer, Geliebte und Babys haben: »Es will mir immer noch nicht in den Kopf: Die Leute halten an gefährlichen Sexpraktiken fest, obwohl sie wissen, dass es sie und ihre Familie das Leben kosten kann. Aber vielleicht habe ich unterschätzt, wie wichtig romantische Beziehungen an einem Ort sind, der auch ohne AIDS und Apartheid ziemlich trostlos ist.« Und weiter zitiert sie Brent Wolff, einen Epidemologen: »Man könnte sagen, dass die Dynamik menschlicher Beziehungen der Benutzung von Kondomen entgegensteht. (…) Jemanden aufzufordern, ein Kondom zu benutzen, heißt ja, dass man ihm nicht vertraut. Vertrauen ist aber die Voraussetzung für Liebe und Leidenschaft.«[11] Hier zeigt sich sehr gut die Verstrickung zwischen Romantik, Sexualität, Unvernunft und riskantem Verhalten. Auch hierzulande ist übrigens

10 Vgl. Mode, Dr. Erwin: »Eheliche Treue: ein (un)nötiges und (un)erreichbares Ideal?« Schriftenreihe Dr. Kovac, Hrsg., Verlag Dr. Kovac, Hamburg, 2002.

11 Druckerman, Pamela: »Fremdgehen – die Regeln des Seitensprungs in aller Welt«, Herbig Verlag, München, 2008.

der Gebrauch oder eben Nichtgebrauch von Kondomen offenbar ein Zeichen von romantischem Ver- oder Misstrauen. Die immer noch erstaunlich hohe Zahl ungewollter Schwangerschaften und der Infektion mit sexuell übertragbaren Krankheiten hat sicher damit etwas zu tun.

Sind Karrieren unweiblich?

Der zweite Grund für die relative Wirkungslosigkeit der gesellschaftlichen Veränderungen auf das Denken über die Liebe – insbesondere auf der Seite der Frau – liegt darin, dass zu große Freiräume im weiblichen Spektrum, also das Mitspielen im männlich besetzten gesellschaftlichen Sektor »Beruf und Außenwelt«, die bürgerliche Grundhaltung und damit auch den Kern der romantischen Liebe infrage gestellt hätten. Diese Gesinnung wollte noch keine Generation seit dem Zweiten Weltkrieg ernsthaft anzweifeln, sondern vielmehr an Konzepten für eine Renaissance der Bürgerlichkeit, sozusagen am Bürgertum 2.0 arbeiten. Viele Journalisten, die über die »neue Spießigkeit« berichten, erkennen genau das. Sie beobachten das Wiedererstarken alter Werte und Traditionen, untersuchen den Faktor »Statussymbol« in Berlin-Prenzlauer Berg am Preis von Kinderwagen und berechnen den Bürgerlichkeitskoeffizienten am Drang junger Familien, eine Parzelle im Schrebergarten zu ergattern. Dieser Drang nach Ordnung und Sicherheit ist offenbar immer noch stärker als der Wunsch danach, Neues zu probieren. Die Generation der heute 30-Jährigen ist vielfach das, was die 68er als »grottenspießig« verlacht hätten. Sie verhalten sich in vielen Bereichen angepasster, harmonischer und bodenständiger als ihre Vorgenerationen. Die Eltern- und Großelterngeneration hatte auf diese paradoxe Weise auch gut (ver)lachen: Sie lachte überwiegend bitter. In Zeiten atomarer Bedrohung, einer geteilten Heimat und lebendigen Überbleibseln aus der Nazi-Diktatur war es einfacher, pauschal gegen alles zu sein, als es das heute ist. Warum sollte man auch? Es ist doch alles prima.

Heute ist der Zustand der »zufälligen« Verliebtheit das Ideal, die dann in eine reife Liebe übergeht und ein Leben lang hält. Das klassische Klischee vom Blickkontakt im Supermarkt oder der elektrisierenden Begegnung in einer Bibliothek dient als Vorlage dafür, wie Liebe zu entstehen hat. Durch Attraktivität und Gefallen, erotische Stimulation und Sehnsucht nach Verschmelzung passieren im Körper von Verliebten heftige biochemische Kettenreaktionen. Diese können in eine Liebesbeziehung münden, müssen aber nicht. Die vor Eintritt in die Ehe oftmals praktizierte serielle monogame Bindung hat ihren Ursprung genau hier. Menschen verlieben sich gern. Dieser Zustand ist erstrebenswert und durch Medien positiv besetzt. Liebesgeschichten sind die besten Geschichten. Lässt nach einiger Zeit die Erregtheit durch die ausgeschütteten Hormone nach, wird geprüft, ob die Beziehung noch gut genug ist oder ob die »Schmetterlinge« aufgehört haben zu flattern. Oftmals werden Beziehungen beendet, wenn es keine Schmetterlinge mehr gibt. Dann wird der Verlust der Beziehung mehr oder weniger intensiv beklagt, bevor der nächste Partner kommt. Irgendwann einmal endet das Kandidatenroulette. Bei einem oder einer kommt es zum Stehen, und mehr oder weniger beide entscheiden simultan: »Das ist es. Das ist die große Liebe.«

Auf Basis dieser Liebe ist es möglich, Pläne zu schmieden, Geld, Zeit und emotionale Ressourcen zu investieren. Die Partnerwahl erfolgt dabei mitnichten erratisch, sondern nach wohlfeiler Überlegung sowie in eben bestimmten Suchräumen. Attraktivität, Bildungsstand, finanzielle Potenz, Gesundheit, politische Ausrichtung, kulturelle Vorlieben, Habitus und so weiter prägen den Suchfilter, mit dem Menschen auf Partnersuche gehen, und sie bestimmen, wer in die engere Wahl kommt. Diese Wahl ist deutlich weniger zufällig und bedeutend unromantischer, als man annehmen könnte. Dennoch und gleichzeitig werden Liebe und Begeisterung, Verliebtheit und andere irrationale, unerklärbare Phänomene als Grund für die Partnerwahl genannt. Die Romantik spielt also auch in den heutigen Ehen, die von ganz anderen Faktoren zusammengeführt werden, eine große Rolle. Sie ist aus der Vorstellung von Zusammenleben nicht wegzudenken, und das Fehlen der Schmetterlinge, das Ausbleiben sexueller Leidenschaft, die austrocknende Begeisterung füreinander werden oftmals als Gründe für Seitensprünge genannt. Menschen streben also nach dauerhafter Verliebtheit, nach fortwährender Romantik. Sie ist die Grundlage, das Versprechen, die in Aussicht gestellte und mit hunderten weißen Tauben in den Himmel geschickte Verheißung. Wie groß muss die Enttäuschung sein, wenn sie sich nicht durchhalten lässt und sich die Zweierbeziehung in ein recht durchsichtiges »quid pro quo« verwandelt?

Wählt man aus Überzeugung das bürgerliche Partnerschaftsmodell, übernimmt man anscheinend auch automatisch dessen Moralvorstellungen und die Abneigung dagegen, andere Konzepte der intimen Nahbeziehung zu denken. Diesem Konzept liegen Zuschreibungen zugrunde, die »männlich« und »weiblich« definieren. Das Bürgertum funktioniert von der Grundidee her nur über die Gegensätzlichkeit von Mann und Frau.

Mann = stark, vital, intelligent, ***Kultur***

Frau = sanft, kultiviert, empathisch, ehrgeizfrei und anschmiegsam, ***Natur***

Andererseits stiftet die Umkehrung dieser Zuschreibung (auch heute noch) vollendete Verwirrung, denn diese existiert gleichermaßen.

Mann = stark, triebhaft, unkontrolliert, animalisch, ***Natur***

Frau = mäßig, zurückhaltend, begierdefrei, gezähmt, ***Kultur***

Diese Zuschreibungen prägen das Denken über Liebe, Treue und Untreue. Wer das nicht so stehen lassen will, muss das bürgerliche Beziehungsmodell zumindest theoretisch infrage stellen.

> Entgegen der vorherrschenden Klischees haben Frauen häufiger als Männer mehrere Sexualpartner gleichzeitig. 71,5 % gaben an, bereits mehrere Sexualpartner zur gleichen Zeit gehabt zu haben. Bei den Männern waren es nur 63,2 %.
> Quelle: Umfrage Joyclub

Bedürfnisse: von Nachfrage und Angebot

Untreue muss nicht zur Trennung führen, wenn man sich vor Augen führt, wie groß die Zahl der Angebote ist, die Ablenkung von persönlicher Unzufriedenheit im Konsum zu suchen, statt den Problemen auf den Grund zu gehen.

Abgesehen von den Zuschreibungen auf Gender-Ebene kennzeichnet das bürgerliche Modell eine enorme Angebotsvielfalt in Erfüllung von Bedürfnissen auf materieller Ebene. Letztere erhielten mit der Romantik überhaupt erst ihre Daseinsberechtigung. Für jeden Bedarf generiert die Zivilgesellschaft ein Angebot, das diesen schließlich erfüllt. So erhält sich das System in großen Teilen selbst. Jeder einzelne Schritt im Narrativ der Liebe ist mit Bedarf an Dingen oder Dienstleistungen und einem gewissen Leidensdruck verbunden. Jede Frage wird indes zuverlässig von Angeboten und erwerbbaren Dienstleistungen beantwortet. Hier sind einige Fragen aufgelistet, die dem einen oder anderen in der Spanne zwischen Liebeswerben und Aufgabe der Beziehung begegnen können.

»Bin ich schön genug, um umworben zu werden?« (Nein? Dann kann ich mir Sport, Kleidung, Kosmetik, Frisur und seit neuestem auch einen attraktiven Körper kaufen.)

»Bin ich repräsentativ genug, um zu werben?« (Nein? Dann gibt es käufliche Statussymbole, die von einer ganzen Industrie hergestellt werden.)

»Benötige ich öffentlichkeitswirksame Zeichen meiner Liebe?« (Ja? Dann sind Blumen, Schmuck, Kleider, Diamantringe, Schuhe und teure Reisen überall erhältlich.)

»Möchte ich der Öffentlichkeit zeigen, wie ernst es mir mit der Liebe ist?« (Dann miete ich ein Fußballstadion, einen Opernsänger oder einen Fesselballon für einen spektakulären Auftritt.)

»Möchte ich der Öffentlichkeit zeigen, wie gut sich meine Familie

entwickelt?« (Dann kann ich ein Haus bauen, Geld anlegen, schöne Reisen unternehmen – und sie auf Instagram posten.)

»Habe ich das Gefühl, die Romantik in meinem Leben flaut ab?« (Dann kann ich meiner Frau und mir ein schönes Abendessen, einen Musical-Urlaub oder ihr ein sorgfältig ausgewähltes Schmuckstück kaufen.)

»Hilft das alles nichts?« (Dann kann ich ein Online-Portal aufsuchen, um mir Kurzweil und Vergnügen zu bestellen, Pornografie konsumieren, eine Frau – seltener einen Mann – mieten, am Mittag mit einem Sexpartner meiner Wahl in einem Hotel einchecken, in einen Saunaclub gehen, mir eine Geliebte oder einen Geliebten suchen und mit ihr/ihm Fluchten aus dem Alltag organisieren.)

»Hat mein Mann / meine Frau mich betrogen?« (Dann kann ich mir Ratgeberbücher kaufen, Seminare besuchen, zum Psycho- oder Paartherapeuten gehen.)

Wenn nichts anderes mehr hilft, sind Steuerberater und Rechtsanwälte gefragt, die für die Auflösung der Ehe sorgen können.

In jedem Stadium einer Beziehung kommen Dienstleistungen ins Spiel, weil es eben in unserer Gesellschaft für jeden einzelnen Bedarf einen Anbieter gibt. Das muss so sein, um eine fruchtbare Wirtschaft und ihren Rückfluss in die Familien sicherstellen zu können.

Diskurs vs. Beziehungswirklichkeit

Der von den heutigen Paaren gewählte Diskurs über Partnerschaft ist der von Augenhöhe und Egalität, von freundschaftlich-vertrauensvollem Beisammensein, von Absprachen und doppelten Karrieren, von Ehrlichkeit und Vertrauen. Es ist ein Diskurs über gemeinsames doppeltes Einkommen, väterlich genutzte Elternzeit und der Natürlichkeit des weiblichen Orgasmus sowie viele weitere aufgeklärte Ideen mehr. Dieser Diskurs passt nicht mehr zur Sehnsucht nach der gemütlichen, aber auch oft muffigen Geborgenheit der bürgerlichen Ehe mit ihren Rollenmodellen von vor 270 Jahren. Will man aber heute in einer Ehe mit Emotionshintergrund leben, braucht man Anteile der »romantischen Zweierbeziehung«, um dem Ideal der dauerhaften Liebe in unserer Gesellschaft zu folgen. Das unromantische Zusammenleben in einer freundschaftlichen Solidar-Partnerschaft widerspricht den verbreiteten Vorstellungen von Erfüllung und Selbstverwirklichung durch die Liebe. In der Kombination der partnerschaftlichen Bindung und der romantischen Liebe werden dann die dazugehörigen Geschlechterzuschreibungen wieder angenommen. In diesen Stricken verfangen sich viele Paare.

Strukturelle Bedingungen

Untreue muss nicht zur Trennung führen, wenn das Bewusstsein für die Bedingungen gesellschaftlich vorgegebener Strukturen geschärft wird – und die Erkenntnis eintritt, dass man nicht als Paar versagt, sondern in einem widersprüchlichen System vorübergehend die Orientierung verloren hat.

Es sind keine persönlichen oder charakterlichen Defizite allein, die Zweierbeziehungen in die Orientierungslosigkeit abgleiten lassen, sondern auch strukturelle Faktoren, die Paare und Familien in einem Spagat zwischen Beziehungsmodell und Beziehungswirklichkeit zerreißen. In diesem schmerzhaften Spagat entsteht das Schweigen, das in den früheren bürgerlichen Ehen normal und gewünscht war, heute jedoch das Vertrauen und die Sehnsucht nach Offenheit und Gleichberechtigung der Beteiligten beschädigt.

Je mehr Alternativen um die Paarbeziehung kreisen, je liberaler die Einstellung zu Sexualität wird (Pornokonsum, Homosexualität, Online-Medien), desto stärker wird die Tendenz, sich selbst zu vergewissern und die Intimität eben genau in der romantischen Zweierbeziehung zu suchen; dazu den Diskurs medial zu bestärken und für das eigene normgerechte Verhalten ein möglichst großes Publikum zu finden, das dann die Schablone für Konventionen mitnimmt.

Aufgeklärte Monogamie würde die romantische Liebe nicht als das einzig mögliche Beziehungsmodell ansehen, sondern einen wachen Umgang mit Medien und Kultur fordern, der zutage fördern könnte, dass viele unserer Liebesrituale nur dem Zweck dienen, das Bestehende zu erhalten, Diskrepanzen zu übertünchen und eine immer krasser werdende Fassade aufzubauen, der in Wirklichkeit niemand gerecht werden kann.

5. Der Blick der Soziologie

Beziehungen sind halt so. Oder?

Untreue muss nicht zur Trennung führen, wenn Normen und Werte des Paares transparent gemacht werden. Annahmen über das Wesen von Beziehungen kommen nicht von den Beteiligten allein. Ob Untreue als Katastrophe betrachtet wird, hängt von der Sozialisation der Beteiligten ab. In der westlichen Gesellschaft herrschen Normen vor, die beeinflussen, wie Paare über die Treue denken.

Wenige Grundüberzeugungen unserer Kultur sind von solch unerschütterlicher Haltbarkeit wie die über Männer, Frauen und die Liebe. Die meisten Menschen sind davon überzeugt, dass Männer und Frauen bereits durch ihre biologische Natur unvereinbare Differenzen und Dispositionen in ihre Beziehungen mitbringen und deshalb in der Liebe (wie sie auch immer definiert sein mag) stets die gleichen Rollen und Verhaltensmuster wiederholen, die man bereits aus Literatur, Überlieferungen und Medien kennt. Klischees und Vorannahmen bestätigen sich so auf wundersame Weise nach einiger Zeit immer wieder. Es vollzieht sich ein gewisser Wiedererkennungseffekt bei der Beobachtung der Vorgänge »in Beziehungen an sich«, der die Beteiligten gleichsam verstört und bestätigt. Wissenschaftler, die Thesen von genetischer Disposition mit anthropologischem Unterbau versehen, verstärken und perpetuieren derlei Zuschreibungen. Es formen sich apodiktische Festschreibungen aus, die oftmals fraglos übernommen werden. »Männer sind vom Mars, Frauen von der Venus«, »Frauen sind emotionaler und sanfter, Männer strikter und weniger wortgewandt.« »Nach zwei Jahren lässt die Leidenschaft nach.« »Männer haben ein Untreue-Gen!« Ob das wirklich stimmt, wird in den seltensten Fällen nachgewiesen. Die wenigen zuverlässigen Forschungsergebnisse zu diesen Themen können meist so oder anders interpretiert werden. Auch das Narrativ »Wenn jemand Lust auf fremde Haut hat, stimmt etwas in der Beziehung nicht« greift in das Denken von Paaren ein.

Symbole und Rituale

Untreue muss nicht zur Trennung führen, wenn Paaren klar wird, dass sie auf einen anderen Ausgang ihrer eigenen Liebesgeschichte gewartet haben und auch deswegen nun so enttäuscht sind. Ab heute dürfen sie das Skript zusammen ändern.

Zuschreibungen und Narrative wie »Ihr Frauen wollt ja nur …« »Männer können nur …« hört jeder, der mit Paaren arbeitet, beinahe täglich als Begründung, warum dieses oder jenes in der Beziehung nicht rundläuft. Die Beteiligten glauben an solche Voreinstellungen und akzeptieren vorgeformte Beziehungsskripte erstaunlich bereitwillig. Logisch scheint, dass sich aus solchen Voreinstellungen und Unterstellungen, wie der oder die andere zu sein habe, ganz bestimmte Arten von Beziehungen mit typischen, ähnlichen Verläufen ergeben. Fast hat es den Anschein, als sei da unbewusst ein übergreifendes Narrativ wirksam, dem die Akteure nicht widersprechen. Es soll in diesem Absatz untersucht werden, wo die Wurzeln dieser Narrative zu finden sind. Seltsamerweise geraten die unterschiedlichsten Paare so nämlich immer wieder in sehr ähnliche Skripte, ganz unabhängig davon, mit welchen Vereinbarungen und Startvoraussetzungen sie einst in die Zweierbeziehung gestartet sind. Theorie und Praxis der Beziehungsführung klaffen weiter auseinander denn je. Wer von vornherein annimmt, dass Männer beispielsweise in der Treue nicht so firm seien wie Frauen, prägt damit das soziale Miteinander, den Verlauf der Geschichte innerhalb der Paarbeziehung.

Untreue muss nicht zur Trennung führen, wenn Paare verstehen, welchen Glaubenssätzen die Beziehung folgt. »Wenn du mich jemals betrügst, liebst du mich nicht mehr, und dann ist es für mich aus« gehört in den Bereich der Beschwörungsformeln, die stärker wirken, als die meisten ahnen.

Gerahmt werden Beziehungen von Anfang an durch Rituale und Regeln. Das Narrativ braucht zur Wiedererkennung gleichförmige, einfache Marker. Im Märchen heißt es dann »Es war einmal«, es gibt einen Prinzen und ein Schloss, eine böse Stiefmutter und einen Protagonisten / eine Heldin, der / die eine dreiteilige Prüfung ablegen muss. Es sind solche Strukturen, die Geschichten brauchen, wenn sie mehrere Generationen überleben wollen. Diese kennzeichnen im Fall der Paarbeziehung Halt- und Wendepunkte in der gemeinsamen Historie zweier Menschen und manifestieren Konventionen (also Einigungen darüber, was man innerhalb einer Partnerschaft tut und lässt) auch nach außen sichtbar. Diese durch bestimmte Gesten und Rituale markierten Einzelkonventionen haben allerdings mitunter eine relativ kurzfristige Haltbarkeit und werden in regelmäßigen Abständen durch kulturelle und politische Einflüsse abgeschafft oder aufgeweicht, nur um wenig später an gleicher oder ähnlicher Stelle wieder zum Leben zu erwachen. Die Geschichte produziert im Wandel der Jahrzehnte neue Strömungen, denen die Konventionen sich dann kurzfristig anpassen, um direkt danach wieder aufzuerstehen.

Verliebt, verlobt, verheiratet

Ein Beispiel dafür könnte die typische Gestaltung der Anbahnungsphase in einer Beziehung sein. War in der Mitte des vergangenen

Jahrhunderts die sogenannte Brautwerbung noch durch verschiedene Rituale wie die Vorsprache beim zukünftigen Schwiegervater gekennzeichnet, bauten sich Regeln und Konventionen später ab. Väter wunderten sich schließlich eines Tages regelrecht, wenn der Bräutigam bei ihnen vorsprach. Heute sind sie, wie später ausgeführt, wieder auf dem Vormarsch. Auch die Jungfräulichkeit der Braut, symbolisiert durch das weiße Brautkleid, geriet spätestens in den späten 60er-Jahren des letzten Jahrhunderts zu einer reinen Fassade. Es galt in der Folge in den 70er-Jahren als schick, in Schwarz oder Rot zu heiraten, um zu signalisieren: »Natürlich bin ich KEINE Jungfrau mehr!« Mittlerweile ist die Jungfräulichkeit der Braut ein durchaus seltenes Phänomen (insbesondere, wenn man das durchschnittliche Eheeintrittsalter von 30 Jahren mit einrechnet). Das weiße Brautkleid aber kehrte zurück, etablierte sich zum Standard und erfreut sich einer gewaltigen Renaissance. Symbole, Zeichen, Metaphern und Rituale haben in Beziehungen starke Wirkungsmacht; scheinbar ist es gerade im Bereich der Liebesbeziehung schwierig, ohne klare Regeln, Orientierungspunkte und Narrative auszukommen.

Regeln

Untreue muss nicht zur Trennung führen, wenn Paare ihre eigenen oder übernommenen Konventionen einer neuerlichen Prüfung unterziehen.

»The rules«, ein Dating-Ratgeber in den USA für die amerikanische Frau, stellt 40 Jahre nach der Frauenbewegung dezidierte Regeln auf, in welcher Interpunktion und nach welchen Kriterien entstehende Beziehungen zwischen Männern und Frauen zu verlaufen haben. (Drei Mal treffen: Kuss, dann Blumen, Geschenke, Sex, Verlobung, Beendigung aller Nebenkontakte, Heirat, Honeymoon. Eigenmächtig durch die Autorin zu ergänzen wären: »Kinder, Stress, Sprachlosigkeit, Seitensprung, Trennung und Scheidung und das Ganze von vorn«.) Begründet wird die Sinnhaftigkeit dieser »Rules« damit, dass eine Frau darauf achten müsse, ihren Selbstwert dem Mann gegenüber zu schützen, der danach trachte, sie zu seinem Vergnügen auszunutzen. Jeder einzelne Schritt scheint den »Regeln« nach eine eigene Choreographie zu haben und vorhersehbar zu sein. Durch nach außen repräsentative Zeichen materieller Art (von Blumensträußen über Diamantringe bis hin zu exotischen Heiratsanträgen und Hochzeitskleidern) wird der Öffentlichkeit nicht nur signalisiert, wie weit das Paar im Liebesnarrativ bereits fortgeschritten ist, sondern auch in welchem Grad der Elaboriertheit und des Erfolgs es sich befindet. Hierbei sind den Superlativen keine Grenzen gesetzt. Zum Zeitpunkt des Entstehens dieses Buches sind Heiratsanträge an TV-Moderatorinnen vor laufender Kamera, in Live-Konzerten sowie Techno-Partys mit eigenem DJ als Hochzeitsfeier recht hoch angesehen. Verlobungsringe werden gerne in Paparazzi-Fotolinsen oder in Handyobjektive gehalten und in sozialen Medien verbreitet. Auch zu wenig repräsentative Verlobungsringe schaffen es medial um die Welt, wie unlängst der Fall einer Braut zeigte, die sich öffentlich über die Minderwertigkeit ihres Verlobungsringes auf Facebook ausließ. Die Reaktionen waren gewaltig. Dass ein Promi einem anderen einen Heiratsantrag gemacht hat, ist immer noch einen Eintrag in der Klatschspalte der Tageszeitung wert, ungeachtet der Tatsache, dass gerade eheliche Verbindungen im Showbusiness normalerweise eine sehr geringe Halbwertzeit haben. »So verliebt« titeln die Gazetten in Schwarz und Rot gern, wenn ihre Fotografen wieder einmal zwei gegengeschlechtliche Promis beim innigen Gespräch aufgescheucht haben. Auch Schwangerschaften gelten als Liebesbeweis und haben mit »Baby-Bauch« oder »süße Baby-Kugel« einen eindeutigen Marker. Kriselt es bei Promis, wird oft eine besorgte Frage »Was ist da los?« oder über einen »dramatischen Absturz« getitelt. Titel wie »Tu was, Rick! Jenny leidet!« suggerieren eine Intervention, wo doch nur Voyeurismus herrscht. Es folgen oft das »Liebes-Aus« oder die »Scheidungs-Hölle«. Zusammenfassend lässt sich also sagen, dass die Geschichten über die Liebe mit all ihren Requisiten diejenigen Geschichten formen, die in der Liebe schließlich passieren. Umgekehrt formen sich aus der Liebe Geschichten, die wiederum die Narrative darüber anfüttern, wie Beziehungen seien. Ein Selbstbestätigungskreislauf setzt ein. Das Liebesgeschehen bestätigt die Geschichten, die Geschichten bestätigen das Geschehen. Solche Narrative gestalten Beziehungswirklichkeit.

Wozu der ganze Kitsch?

> Untreue muss nicht zur Trennung führen, wenn klar wird, dass das Individuelle auch kollektiv ist – und umgekehrt. Höchstpersönliche Empfindungen sind ebenso kulturell geprägt wie politische Meinung oder Geschmack.

Die Frage bleibt legitim, wer davon profitiert, dass Paare sich auf diese eigentümlich determinierte Weise ihrer abweichenden Handlungs- und Denkräume berauben und so überaus bereitwillig ihre sonst so hoch gepriesene Individualität zugunsten populärer Narrative hintanstellen.

So sicher, wie sich viele Paare sind, dass Liebe eine ewige und unumstößliche Institution und eine Himmelsmacht sei, ein Schicksal, das einen treffe, ob man wolle oder nicht, so sicher ist, dass nichts davon stimmt, wenn man den Verlauf der Geschichte betrachtet. Romantisch deklarierte oder erotisch-spirituelle Liebe als Grund für eine Eheschließung ist, wie bereits ausgeführt, erst seit ca. 250 Jahren mit dem aufkommenden Bürgertum zulässig und anerkannt. Dass man sich verliebt oder zumindest eine vorübergehende Phase erlebt, in der vom Mann in Richtung der zukünftigen Ehefrau in Verehrung um ihre Gunst geworben wird, ist ein relativ neuer Gedanke.

6. Ökonomie und Staatsräson

Untreue muss nicht zur Trennung führen, wenn Paare sich der eigenen Annahmen über das Wesen der Ehe bewusst werden – und sich vielleicht auch eingestehen, dass sie schlecht informiert waren.

»Ökonomen fallen auf Hochzeiten manchmal unangenehm auf. Wenn sie ihre Gedanken nicht für sich behalten können. (…) Denn manche Ökonomen neigen dazu, in allem einen Markt zu sehen. Nicht nur die Börsen oder der Austausch von Waren findet ihr Interesse, sondern das menschliche Zusammenleben im Allgemeinen. Das Liebesleben ist eine besondere Herausforderung für diese Ökonomen. Weil dort auf den ersten Blick kein Markt zu sehen ist, keine rational handelnden Akteure. Weil bei der Liebe doch vermeintlich die Emotionen überwiegen, die Liebe den Verstand ausschaltet.«[12]

Die hier beschriebene Form der Ehe bewegt sich an der Schnittstelle zwischen Liebe und Alltag und repräsentiert das in der allgemeinen Vorstellung geläufige Modell. Manchmal kippt die Ehe mehr in die Richtung »Liebe«, besonders bei der Hochzeit, später tendiert sie oft eher in die Richtung »Routine«. Was sind die Gründe dafür, dass es die Ehe überhaupt (noch) gibt, und was erwarten die Beteiligten von ihr? Was hat das alles mit Untreue oder Treue zu tun? Das Bundesministerium für Frauen, Familie, Senioren und Jugend hat dazu eine Studie durchführen lassen und herausgegeben, die sehr nüchtern und in klar verständlichen Worten beschreibt, was die Ehe bietet – und was eben auch nicht. Sie wirbt nicht für die Ehe, sie informiert. Möglicherweise sollte man anregen, diese Broschüre zur Pflichtlektüre aller Heiratswilligen zu machen.

---

12 Eber, Johannes: »Heiraten wir aus Liebe?«, pixeloekonom-Blog, 27. 1. 2010, www.pixeloekonom.de.

Sag mal, wo kommst du denn her? Von der Ehe, wie wir sie kennen

»Motiviert und begründet war das Eheverständnis der BGB-Verfasser von 1900 als Errungenschafts- und Verwaltungsgemeinschaft durch den Rollenwandel des aufstrebenden Bürgertums. (…) In der neu entstandenen bürgerlichen Schicht waren Frauen einerseits von grober und harter Arbeit sowie von Leitungsfunktionen entbunden, andererseits auf die Rolle als Gattin, Hausfrau und Mutter reduziert und damit außerhalb der Erwerbsarbeit.«[13]

Familienpolitik wurde damit indirekt zur Frauenpolitik – und umgekehrt. Da in der damaligen Diktion die Frau durch die Ehe vor den Anfechtungen der rauen Erwerbswelt geschützt wurde, hatte sie in der Folge auch keinerlei Ansprüche auf Anerkennung ihrer Leistungen innerhalb der Familie als Arbeit. Schließlich, so mögen die Politiker und Juristen damals argumentiert haben, mussten sie sich ja nicht mehr zu Tode schuften, hatte es bequem und schickten stattdessen in der Frühe den Mann in die raue Arbeitswelt hinaus. Erst nach dem Zweiten Weltkrieg passte sich die Gesetzgebung allmählich an die veränderten Lebensbedingungen an. Seinerzeit mahnten Konservative und Nationalisten, dass die Veränderung in der Frauen- und damit der Familienpolitik eine Veränderung der deutschen Gesellschaft nach sich ziehen könnte, deren Auswirkungen niemand abzusehen imstande sei. Sie bangten um das bürgerliche Familienmodell und die damit verbundene Vorstellung der Liebe (und um die Stellung des Mannes). In einem Aufsatz von 1952 überlegt Walter Petwaidic, der unter dem Pseudonym Fredericia für die »Zeit« schrieb: »Je mehr sich aber die Liebesehe durchsetzte, desto mehr musste das Bedürfnis nach Scheidung auftreten (…).«[14]

13 Bundesministerium für Familie, Senioren, Frauen und Jugend als Herausgeber: »Partnerschaft und Ehe – Entscheidungen im Lebensverlauf«, Studie durchgeführt von Sinus Sociovision, 2014.

14 Fredericia, Walter: »Der Staat und die Ehe«, Artikel in: »Die Zeit«, Ausgabe 14, 3.4.1952.

Fredericia fürchtete offenbar, dass die Rolle der Liebe in der Ehe zu groß werden und das Konzept der bürgerlichen Ehe damit sprengen könne. Der Gedanke ist so einfach wie einleuchtend. Je mehr Liebe, desto weniger Vernunft, je weniger Vernunft, desto mehr neue Liebe zu immer anderen und desto mehr Trennung. Solange die Ehe aus Vernunft geschlossen worden war, gab es keinen Grund, sie bei Nichtgefallen zu verlassen – zumal nicht von den Frauen, die aufgrund der Rechtsprechung anschließend mittellos gewesen wären. Insofern war ihnen ja vormals nichts anderes übrig geblieben, als (wie auch immer) in der Ehe zu verbleiben oder einen angemessen reichen Nachfolger für ihren Ehemann zu finden, um weiterhin versorgt zu sein. Fredericia hatte erkannt, dass die Frau der Schlüssel für den Wandel der Bedeutung in der Institution »Ehe« sein könnte, die sich doch so produktiv auf den bereits geschaffenen Nachkriegeswohlstand auszuwirken schien. Er wollte also anregen, die Frauen durch geschickte Gesetzgebung dazu zu nötigen, weiterhin in der Ehe und außerhalb der Erwerbsbereiche zu verbleiben. »Da aber die Frau den Kern der Familie, ja eigentlich identisch mit der Familie ist, so sollte die Reform nicht auf eine formale, sondern organische Gleichberechtigung hinzielen. Das heißt, sie sollte die Gleichberechtigung der Frau überall dort herzustellen versuchen, wo diese benachteiligt ist, nicht ihr aber ihre Rechte nehmen, die sie besitzt und benötigt, weil sie doch nun einmal die körperlich und wirtschaftlich schwächere in der Auseinandersetzung mit dem Mann ist. Die neue Gesetzgebung müsste alles vermeiden, was die Frau ihrem eigentlichen Beruf, nämlich dem Wirken in der Familie, entfremdet.«[15] Dieser Text stammt nicht aus dem Jahr 1825, sondern von 1952. Was sich seither entgegen der Wünsche dieses Journalisten in Sachen Frauen und Recht getan hat, hätte er sicherlich ausgesprochen bedrohlich gefunden.

Interessant scheint dennoch, dass der damaligen Unbedingtheit und dem blinden Vertrauen der Institution Ehe gegenüber keine kritischere

15 Fredericia, ebd.

Einstellung gefolgt ist. Auch im Jahr 2017 gehen Menschen in die Ehe, als sei diese in jeglicher Hinsicht vollkommen unbedenklich und folgenlos und böte verlässlich und unaufgefordert bequeme Sicherung des Wohlstands und der persönlichen Befindlichkeit. Friedemann Karig zeichnet in seinem Buch, das im Kapitel »Abkehr von der Monogamie« beschrieben wird, ein ähnliches Bild. »Eine große Party, aka Hochzeit …«

Ersteres mag zutreffen. Die Ehe bildet für Paare laut der Sociovision-Studie für das Ministerium einen festen Rahmen um persönliche Projekte und Ziele. Andererseits regelt die Ehe im Prinzip nur das, was passieren soll, wenn sie nicht mehr besteht. Und darüber informieren sich viele Paare nicht oder nur sehr dürftig. Was sie an persönlichem Zugewinn erwarten, wissen sie genauer. Sie wünschen sich von der Ehe Verbindlichkeit und Verlässlichkeit für ihre emotionale Verbindung. Darüber hinaus wünschen sie sich materielle, juristische und wirtschaftliche Sicherheit. Wie diese Sicherheit konkret aussehen soll und inwiefern die Ehe sie tatsächlich anbieten kann, ist wiederum weitgehend unbekannt.

Heiraten? Wozu?

Paare wünschen sich einen festen Rahmen, um ihre persönlichen Ziele und Lebenswünsche zu verwirklichen. Es existieren laut Studie große Wünsche, was Dauerhaftigkeit und Intensität der Ehe angeht. Die Folgen von Ereignissen, die während der Ehe eintreten können, sind jedoch weniger bekannt. Auch wirtschaftlich bleibt die Verheiratung nicht folgenlos.

Männer und Frauen erwarten unterschiedliche Bedürfniserfüllung in der Ehe. Während Männer sich einen krisenfesten, langlebigen und sicheren Hafen wünschen, erwarten Frauen etwas anderes. Sie träumen von einem Konzept des kommunikativen Prozesses, in dem sich individuelle Ziele verwirklichen lassen. Mag das nebenbei der Grund sein, warum Männer ihre Seitensprünge lieber verheimlichen als Frauen? Immerhin müssten sie in dieser ihnen unterstellten Denkweise fürchten, ihren sicheren Hafen zu verlieren. Insofern machte es Sinn, mit der Wahrheit zu pokern, um am Ende nicht alles aufs Spiel zu setzen.

Frauen erzählen ihrem Partner sehr viel häufiger von ihrem Seitensprung (30,2 %), davon 14,9 % sogar jedes Mal. Männer sind mit 22,8 % sehr viel weniger ehrlich zu ihren Partnerinnen. Absolute Ehrlichkeit gibt es sogar nur von 8,7 %. Interessant ist hier vor allem, dass die meisten Männer (44,1 %) selbst dann nicht ehrlich wären, wenn sie wüssten, dass ihre Partnerin sie nicht verlässt. Der Grund: »Ich will niemanden verletzen.« Die Frauen würden in diesem Fall mehrheitlich (42,8 %) sogar schon vorab auf Ehrlichkeit setzen und von ihrem Begehren erzählen.
Quelle: Joyclub-Umfrage

Sicherer Hafen und kommunikativer Prozess sind beide berechtigte, aber doch recht allgemeine Wünsche ans Eheleben. Sie beziehen sich auf die seelische Seite, die Ebene der individuellen Persönlichkeit. Wirtschaftliche Interessen gibt in der Befragung niemand an.

Gemeinsam ist fast allen in der Studie befragten Ehewilligen, dass ihnen Konzepte des Ehegüterrechts nahezu unbekannt sind. Was ein Versorgungsausgleich ist, wie sich die Ehedauer auf die Rente auswirkt, welche Anteile in der Zugewinngemeinschaft wem zustehen und wie ein möglicher Kindesunterhalt bemessen wird, davon wollen Brautleute ebenso wenig wissen wie Verheiratete. Getrennte Männer werden oft kreidebleich, wenn sie erkennen müssen, was eine Trennung und der damit verbundene neue Steuersatz in Klasse I bedeutet. Erst wenn sich diese Fragen im Moment der Krise durch die Untreue anschleichen wie ein Rudel hungriger Hyänen, wird vielen Paaren bewusst, was es bedeutet hat, die Unterschrift unter das Papier gesetzt zu haben. »Das Wissen (um die erwähnten Zusammenhänge im ehelichen Güterstand, Anm. d. V.) wächst in der Praxis derzeit nur dann, wenn Ehen gescheitert sind und geschieden werden – also, wenn die Exehegatten mit den Folgen und Nebenwirkungen konfrontiert sind. Die Vorstellung, was eine Ehe bedeutet, ist vage, beruht auf Intuition und Projektionen und ist stark geprägt von signifikanten äußerlichen Formen, Ritualen und Dokumentationen wie den Akten der Eheschließung und der Ehescheidung.«[16]

Ach, so ist das?

Für die Untreue bedeutet das viel. Bis zu der erschütternden »Stunde der Wahrheit« befand sich das Paar in einer Blase aus Wunschvorstellungen und diffusen Befindlichkeiten gegenüber der persönlichen Verantwortung dem anderen gegenüber. In dem Augenblick, wenn der andere durch die Aufdeckung oder das Eingeständnis einer Affäre diese Seifenblase zum Platzen bringt, wird die Ehe als juristische, verwaltungsrechtliche und ökonomische Institution erkannt, und die Liebe, die seit dem Heiratsantrag so dominant das Wesen der Beziehung bestimmt hatte, tritt in den Hintergrund. Jeder Einzelne muss in diesem Fall das Versprechen einlösen, das er zugunsten der festen Rahmung und bestimmter steuerlicher Vorteile gegeben hat. Zahltag. Diese schlagartige Ernüchterung »nun gehören wir vielleicht auch bald zu denen, die es NICHT geschafft haben, nun müssen wir uns bald über Geld unterhalten« verursacht bei vielen Menschen Panik und Wut auf den Verursacher, wer auch immer als solche / r angesehen wird. Auch hier wäre eine Aufklärung im Vorfeld sinnvoll und wichtig. Was versprechen wir dem Staat da eigentlich? Was bedeutet das konkret? Wer müsste wem wie viel zahlen, wenn es zur Trennung käme? Solche Bedenken sind unromantisch. Zugegeben. Andererseits würde wohl kaum jemand bei einem Gebrauchtwagenhändler ein Auto kaufen, ohne es getestet und ohne vorher auf den Kaufvertrag gesehen zu haben. Bei einer Ehe mit dem Menschen, den man am meisten liebt, und die ein Leben lang halten soll, scheint genau das aber ein schlechtes Vorzeichen zu sein. Warum nur?

---

16 Studie Bundesministerium, ebd.

Man kann und darf dem Staat nicht vorwerfen, seine Bürger uninformiert zu lassen, was die Bedingungen und Verantwortlichkeiten innerhalb einer Ehe angeht. Jeder Einwohner der Bundesrepublik Deutschland hat die Möglichkeit, sich Zugang zu allen nötigen Quellen zu verschaffen, die es ihm ermöglichen, sich bewusst und sehenden Auges für eine Eheschließung zu entscheiden.

Johannes Eber ist Volkswirt und bei der Initiative Neue Soziale Marktwirtschaft (INSM) für digitale Kommunikation zuständig. Außerdem betreibt er den Blog Pixeloekonom.de. Er macht sich überraschende und erfrischende Gedanken über die Zusammenhänge zwischen Romantik und Wirtschaft.

»Partnerspezifische Investitionen«: Interview mit Johannes Eber

S. K.: Wie romantisch ist die Wirtschaft? Wie wirtschaftlich ist die Romantik? Was haben die beiden Begriffe im praktischen Leben gemein?

J. E.: Die »Wirtschaft« meint ja im Kern alle Tauschaktionen, die zwischen Menschen stattfinden. Der morgendliche Kauf der Brötchen beim Bäcker gehört genauso dazu wie Fragen in Konzernetagen, etwa ob Unternehmen hinzugekauft werden sollen. Manche Ökonomen gehen sogar darüber hinaus und beziehen nicht finanzielle Interaktionen in ihre Betrachtungen ein, also jene, bei denen kein Geld fließt. So kommt auch die Romantik ins Blickfeld mancher Ökonomie. Dort sind in der Regel die Tauschbeziehungen nicht finanzieller Natur. Wobei dies auch nur zum Teil gilt: Das Ehegesetz regelt ja gerade und vor allem die finanzielle Beziehung der (sich hoffentlich) Liebenden.

S. K.: Würden Sie Heiratswillige als Zocker bezeichnen, weil sie sich von der Ehe materiellen und persönlichen Zugewinn versprechen, oder sind sie eher naive Schäfchen, weil sie nicht wissen, was auf sie zukommt, und sich dennoch einlassen?

J. E.: Sich von der Ehe materiellen und persönlichen Zugewinn zu versprechen, ist rational und legitim. Warum sonst sollte man heiraten? Damit es einem danach schlechter geht? Wohl nicht. Mit einer Zockermentalität hat die Entscheidung für die Ehe also nichts zu tun. Der Sinn der Ehe ist im Kern insofern ein Liebesbeweis, als man dem Partner signalisiert, dass man bereit ist, sich langfristig zu binden. Denn mit dem Eingehen der Ehe steigen in der Regel die Trennungskosten. Wer die Ehe eingeht, lässt seinen Worten (Ich liebe dich) also Taten folgen. Dieses Bindungsversprechen ist vor allem für jene Seite der Partnerschaft wichtig, die in die Beziehung langfristig investiert. Das ist tendenziell die Frau, die mit der Geburt von Kindern insofern vom Mann abhängig wird, als dieser für den Lebensunterhalt sorgen muss. Zumindest früher war dies die Regel. Diese Abhängigkeit lässt aber zunehmend nach. Elterngeld und frühkindliche Betreuung außerhalb der Familie machen die Partner finanziell autonomer.

S. K.: Welchen Anteil hat in Ihren Augen die Ökonomie an unserem Erleben der Liebe?

J. E.: Versteht man die Ökonomie als Theorie der Gesellschaft mit ökonomischer Methode, lässt sich auch die Liebe ökonomisch untersuchen. Der erhellende Blick dabei: Liebende handeln rationaler, als bisweilen angenommen wird. Zwischen Verliebten wird häufig getan, als spiele das eigene Vorteilsstreben keine Rolle. Doch der Eindruck täuscht, wie allein die Hochzeitsfeier zeigt. Dort wird mit dem Start ins Eheleben gerade jener Vertrag gefeiert, der die Dinge für den Fall regelt, dass sich die Liebenden nicht mehr lieben.

S. K.: Ist die Untreue ein Wirtschaftszweig wie der Sport oder der Tourismus?

J. E.: Von Untreue profitieren andere. In erster Linie jene, die sich mit dem Untreuen einlassen. Es ist hier wie mit jeder Interaktion zwischen Menschen: Es braucht immer den anderen, um zu profitieren. Daraus einen eigenen Wirtschaftszweig zu benennen, ist mir bisher nicht in den Sinn gekommen.

S. K.: Wie kommt es, dass Menschen mit einer standesamtlichen Hochzeit eigentlich das regeln, worüber sie ohne Hochzeit gar nicht nachdenken müssten – nämlich die Trennungsvereinbarung?

J. E.: Ich vermute, es ist im Status der Verliebtheit schwierig, über den (unvorstellbaren) Fall der Trennung nachzudenken. Deswegen ist die Hochzeit institutionalisiert. Man heiratet, ohne groß nachzudenken, weil es jeder macht (zumindest früher). So wird geregelt, was durchaus hilfreich ist, ohne dass man sich tiefer mit der unangenehmen Thematik beschäftigen muss.

S. K.: Wie ermittelt man den wirtschaftlich gesehen optimalen Partner für eine Beziehung, in der das »Gesetz der komplementären Güter« wirksam wird?

J. E.: Wir suchen so lange, bis der / die Richtige gekommen ist, sagen die Seelenverwandtschaftsanhänger. Wir suchen, bis die Kosten der weiteren Suche den möglichen Zugewinn durch einen noch besseren Partner aufwiegen, ökonomisiert der Ökonom. Aber woher soll man wissen, was an ›möglichen Zugewinnen‹ noch kommen wird? Mit der 37-Prozent-Regel der Wahrscheinlichkeitsrechnung. Wer die ersten 37 Prozent der zur Verfügung stehenden Partner testet und danach den ersten nimmt, der besser ist als die zuvor getesteten, erwischt mit hoher Wahrscheinlichkeit den besten oder zweitbesten. Berechtigte Frage: Aber man kennt doch nie alle möglichen Partner? Also weiß man auch nicht, wie viele man testen soll. Das stimmt. Hier hilft die Empirie. Sie rät: Testen sie zwölf potenzielle Partner.

S. K.: Sie schreiben: Der Wohlstand vereint Liebende – und trennt Entliebte. Wie meinen Sie das genau?

J. E.: Es war früher finanziell gesehen schlicht schwieriger, sich zu trennen. Es war nicht selten existenzgefährdend. Das ist es zunehmend weniger. Und dennoch gilt heute noch: Trennung erhöht das Armutsrisiko signifikant. Aber eben deutlich weniger als früher. Die Folge: Es bleiben heute weniger Paare, die sich nicht mehr lieben, zusammen. Insofern ist der Anstieg der Scheidungsrate in den vergangenen Jahrzehnten ein Glück. Der Anteil der glücklichen Beziehungen ist größer geworden.

S. K.: Wie sehen Sie die wirtschaftliche Zukunft der Ehe?

J. E.: Die Institution der Ehe wird weiter an Bedeutung verlieren. Weil das langfristige Bindungsversprechen zunehmend unwichtiger wird. Etwa alleinerziehend zu sein, ist heute weniger schwierig als früher. Dennoch wird es die Ehe weiterhin geben. Die grundsätzliche Logik dahinter bleibt abgeschwächt bestehen, nämlich dass das Versprechen, sich nicht zu trennen, den Aufbau partnerspezifischer Investitionen fördert. Man gibt sich Mühe, den anderen kennenzulernen, richtet meist eine gemeinsame Wohnung ein, bekommt vielleicht ein Kind. Die durch einen Ehevertrag geschaffene höhere Sicherheit des Zusammenbleibens macht solche Investitionen lohnenswerter. Im Arbeitsleben, wo solche Bindungsverträge verboten sind, entsteht das »Hold-up«-Problem: Bildungsinvestitionen bleiben aus, wenn der Arbeitgeber fürchten muss, dass sich seine Angestellten mit dem neu erworbenen Wissen aus dem Staub machen und bei der Konkurrenz anheuern.

S. K.: Würden Sie einem Freund zur Ehe raten? Wenn ja, warum?

J. E.: Tendenziell ja. Denn der Ehevertrag trennt die »guten« von den »schlechten« Partnern. Man sagt: Die Ehe selektiert. Wer es nicht ernst meint, wer sich nicht langfristig binden will, wird nicht heiraten, zumindest dann nicht, wenn ihm eine Trennung teuer zu stehen kommt. Eine Heirat ist also der ultimative Test, ob die Liebesschwüre heiße Luft sind oder der Partner wirklich bereit ist, den Worten Taten folgen zu lassen. Man könnte auch sagen: Wer heiratet, der traut dem Partner nicht, der will auf Nummer sicher gehen. Aber so was sagen nur Ökonomen.

Herr Eber, ich danke Ihnen für die Beantwortung meiner Fragen.

Aus den Augen, aus dem Sinn: Das »Danach«

Für das Thema »Katastrophe der Untreue« wird die Studie des Bundesministeriums auch an dem Punkt interessant, wo sie die Bereitschaft beleuchtet, noch nach der Ehe füreinander zu sorgen, wie es nämlich im Gesetz ausdrücklich vorgesehen ist. Einerseits stimmt ein überwiegender Anteil der Befragten zu: »Wenn man heiratet, ist das ein verbindliches Bekenntnis zur gegenseitigen Solidarität«, andererseits ist diese Solidarität nach der Trennung nur noch mental gemeint, nicht mehr materiell. Konkret und praktisch materiell für den Expartner verantwortlich zu sein, lehnen fast alle Befragten ab. Da hören die ewige Liebe, die untrennbare Verbundenheit auf. Ist der Platz in der Welt nicht mehr beim Expartner, ist niemand bereit, an der Stelle noch zu investieren. Die Partner lassen sich gehen, die Ehe wird liquidiert. Zum Zahlen werden die meisten Beteiligten gezwungen, Anwälte leben davon, dass sich Expartner gegenseitig die Butter vom Brot nehmen wollen. Eben dieses Risiko gehen diejenigen ein, die untreu werden. Die Betrogenen haben allen denkbaren Grund, mit finanziellen Forderungen nicht zimperlich zu sein, sofern sie ihnen zustehen. Meist sind es die Frauen, die in der überwiegenden Zahl der Fälle versorgt werden (müssen) und die die Kinder bei sich behalten. Ein Kontrollverlust, eine »betrog'ne Nacht« kann alles zerstören, was zwei Menschen viele Jahre hindurch zusammen aufgebaut haben. Da fällt es leicht, dem »Schuldigen« seelische oder geistige Schwäche zu attestieren. Und da hat der Gewissensboss leichtes Spiel, wenn er den reuigen Sünder mit der Versprechung in die Umerziehung lockt, dann dürfe er vielleicht seinen Besitz behalten.

Der Dritte macht »knack«

Es gibt unzählige Gründe, sich zu trennen. Seelische Kälte, Desinteresse, divergierende Ansichten, Überdruss, sexuelle Frustration, Gewalt, Sucht, unterschiedliche Entwicklung der Partner, Uneinigkeit in der Kindererziehung oder unterschiedlicher Umgang mit Geld. Doch während all diese Gründe eher zu einem langsamen Ausfransen der Beziehung führen, verursacht der Auftritt eines oder einer Dritten viel häufiger das sofortige, knackige »Aus« für die Liebe an der Sollbruchstelle.

Das mag mit der romantischen Liebesvorstellung zusammenhängen und der Vollaufmerksamkeit, die von ihr gefordert wird. Es hängt aber, wenn man das Augenmerk einmal von der romantischen Liebe abzieht, auch damit zusammen, dass da ein Dritter / eine Dritte auftaucht, die nicht nur Zeit, sondern auch materielle Ressourcen vom Paar abzuziehen droht. Da ist vielleicht jemand, von dem man fürchten muss, dass er in das Haus einziehen wird, das man gebaut hat. Da ist vielleicht eine, die große Teile des Einkommens, das der Versorger verdient, für sich beanspruchen will. Das gemeinsame Auto – was soll mit ihm passieren? Wer versorgt die Kinder? Muss die Frau eine Berufstätigkeit aufnehmen, obwohl sie sich bis zum Auszug der Kinder als Familienmutter gesehen hatte? Und ist daran nicht die Dritte schuld? Dritte beanspruchen materielle Ressourcen. Sie könnten Anspruch auf Teile dessen erheben, was man sich gemeinsam erarbeitet hat. Vorbei ist es mit der vom Ministerium beschriebenen »Ehe als dynamischer Wachstumsgemeinschaft«. Statt Gemeinschaft und Wachstum drohen Isolation und Schrumpfung.

Wer durch die gesamte Phase der performativen Inszenierung der Liebe hindurch ist, hat eine ganze Menge kostspieliger Zeichen der Liebe angesammelt. Ein Haus, Schmuck, Autos, Ausbildung der Kinder. Der oder die Dritte will einem all das scheinbar nehmen. Das ist Hochverrat, und deswegen ist die Untreue die Sollbruchstelle für die Beziehung.

7. Warum ist der Mensch nur so? Anthropologie und Sozio-Biologie

Untreue muss nicht zur Trennung führen, wenn Paare den Unterschied zwischen natürlicher und kultureller Prägung in ihrem eigenen Leben erkennen. Männer und Frauen sind nicht von der Natur gegeneinander entworfen, sondern füreinander.

Wer nun auf eine plausible Abhandlung über die Geburt der Monogamie oder den Beweis ihrer schieren Unmöglichkeit hofft, wird auch hier enttäuscht werden. Der Mensch scheint sich weder zuverlässig noch linear in die Richtung »Monogamie«, aber auch nicht in die Richtung »Promiskuität« entwickelt zu haben. Für beide Seiten gibt es scheinbar eindeutige Beweise, jeweils die andere Seite kategorisch ausschließend.

Wer mit der Vorstellung, dass Männer und Frauen unvereinbare Differenzen mitbringen, in eine Partnerschaft eintritt, prägt unter Umständen den Verlauf der Beziehung. Selbsterfüllende Prophezeiungen und die Anpassung an etablierte Narrative lenken Beziehungsgeschichten. Manche Frauen gehen davon aus, dass Männer einen imposanten Geschlechtstrieb haben – und zwar zu jeder Zeit und Gelegenheit –, und lassen sich davon so einschüchtern, dass sie sich nicht trauen, ihre eigene Sexualität zu kommunizieren. Manche Männer gehen wiederum davon aus, dass ihre sexuellen Bedürfnisse von ihrer Partnerin ohnehin niemals erfüllt würden, und verschonen sie damit, indem sie sich jemanden suchen, mit dem sie Dinge probieren können, die in der Stammbeziehung unmöglich scheinen. Wie verwundert sind viele Paare, wenn sie nach einem Seitensprung wieder ins Gespräch kommen und den Mut haben, offen darüber zu reden, was sie sexuell oder emotional brauchen. »Das hätte ich nie von dir gedacht!« kann dann zum Kompliment werden.

Venus-Mars-Mythen

In den letzten Jahrhunderten kristallisierte sich ein fragwürdiges Narrativ heraus, das sich kulturphilosophisch verbreitet und Einzug in das Alltagsdenken der Menschen gefunden hat. Es lautet ungefähr so: »Männer sind untreu, weil sie darauf bedacht sind, ihr Erbgut so weit wie möglich zu streuen. Viele Nachkommen – viel Ehr' (und das Überleben des Stammes). Deswegen jagen und besteigen sie alles, was fruchtbar aussieht. Sie können nicht anders. Je jünger, hübscher und vollbusiger eine Frau ist, desto weniger kann der hormongelenkte männliche Großaffe dem Reiz widerstehen. Er ergötzt sich an allem, was nach Kopulation ausschaut, liebt die Hatz und den optischen Reiz. Zur Zweierbeziehung kann die Partnerin ihn nur durch ausgebuffte Tricks überreden. Die Jagd nach dem Weib ist in seinen Genen – und nur durch scharfe Disziplinierung und Bewachung vermag frau diesen Trieben Herrin zu werden.« Für die Frauen sah das Narrativ etwa so aus: »Die Frau ist darauf bedacht, einen tüchtigen Versorger ihrer Nachkommen zu finden. Er soll dafür sorgen, dass sie und die Kinderschar es gut haben. Deswegen plustert sie sich tüchtig auf und imponiert zwecks Akquise den Männern, die sie für geeignet hält. Diese sind entweder an eckigen Schultern, vollem Haupthaar oder der schwarzen Kreditkarte erkennbar. Sobald die Schwangerschaft eingetreten ist, lässt der Drang, um den Erzeuger zu werben, schlagartig nach, und die Frau gerät in den Glucken-Modus, in dem sie auf dem Nest sitzt und verzweifelt bemüht ist, den immer noch vom Jagdtrieb motivierten Partner am weiteren Streuen seiner Gene zu hindern – sie teilt eben nicht gern. Stattdessen macht sie sich dann sexuell rar, um den Jagdtrieb vom »To-go-« auf den »Eat-at-home«-Modus umzulenken. Die Verknappung der Ressource »Lust« führt dazu, dass der Mann seinen Trieb, Weibchen zu erlegen, zu Hause auslebt. Das geht so lange, bis die Frau ihre Fruchtbarkeit oder Attraktivität verliert. Dann ist kein Halten mehr, und er geht ungebremst wieder in den Jagdmodus, wobei die inzwischen abgelegte Frau mangels Plustermöglichkeiten nur mehr zusehen kann.«

So einfach und in der Schlichtheit der Logik, so überzeugend ist das, was die Anthropologen der vergangenen Jahrhunderte konstruierten. Im Übrigen mag angezweifelt werden, dass derlei Zuschreibungen in ihrer Absolutheit legitim sind. Niemand ist ununterbrochen auf sexuelle Abenteuer aus und niemand in jeder Lebensphase und ununterbrochen auf die Streuung des eigenen Erbgutes. Manchmal sind Frauen lustvoller, manchmal weniger lustvoll. Man mag bitte beiden Geschlechtern eine gewisse Plastizität ihrer Dispositionen und Eigenschaften zubilligen. Was für einen 16-Jährigen auf Klassenfahrt gilt, muss für den 60-Jährigen in einem Ehrenamt nicht gleichermaßen gelten. Und die junge Mutter mit zwei Kleinkindern hat tatsächlich in ihrem Alltag womöglich weniger Lust auf Sex als drei Wochen später an der Bar bei einem Drink auf der Technoparty.

Was ihr sucht, werdet ihr finden

Hier sei ein Beispiel angeführt, das deutlich machen will, mit wie viel Vorsicht jegliche Forschung zu genießen ist, die Zusammenhänge beweisen will, ohne viel zuverlässiges Informationsmaterial oder Zeugen zur Verfügung zu haben. Als Christoph Columbus 1492 im Auftrag der spanischen Krone in See stach, hatte er den Auftrag, Indien über die Westroute zu finden. Er fand Indien auch – das glaubte er auch nach vier weiteren Fahrten noch und sogar bis zu seinem Tod. Dass es mitnichten Indien, sondern die später nach Amerigo Vespucci benannte Neue Welt war, ahnte er nicht. Was man findet, definiert sich darüber, was gefunden werden soll. Es kommt also auf den Auftrag an, in dessen Namen geforscht wird. Immer wieder lohnt es sich zu recherchieren, wer die Mittel für die besagte Forschung zur Verfügung gestellt hat, was herausgefunden werden sollte, und nicht zuletzt, ob es sich um einen männlichen oder weiblichen Forscher handelte. Wenn man bedenkt, wann Frauen der Zugang zu wissenschaftlichen Fakultäten überhaupt ermöglicht wurde, wird klar, dass sämtliche Forschung bis in die Mitte des vergangenen Jahrhunderts hinein zu 100 % in Männerhand lag. Männer erteilten die Aufträge, Männer bezahlten die Untersuchungen, Männer forschten, und Männer schrieben. Männer diskutierten die Ergebnisse, und Männer vermittelten sie dann weiter an die nächste Generation. Mag es verwundern, dass zuverlässige Ergebnisse bei den Forschungen herauskamen, die im Sinne der männlichen Triebe apologetisch und der erotischen Freiheit der Männer gegenüber freundlich gesinnt waren und ihnen im Namen der Wissenschaft gewisse Freibriefe erteilten, während den Frauen genau das wissenschaftlich nachgewiesen wurde, was die Männer in ihrer eigenen Ansicht von Frauen nur bestätigte?

»Männer sind untreu und können nichts dafür« – das ist eine wunderbare Rechtfertigung für erotische Eskapaden aller Art. »Die Frau ist lustfern und mütterlich« – was bedeutet das für eine Frau, die dem Klischee nicht entspricht? Nähme man an, dass Frauen wirklich allesamt erotikfrei und ohne nennenswerte sexuelle Interessen durchs Leben gingen – wäre da nicht die Fremdgängerin eine aus der Art geschlagene, fast schon »unnatürliche« Ausnahme? Ein pathologischer Fall? Und würde das nicht in ganz perfider Weise diejenigen Frauen stigmatisieren, die womöglich wirklich Lust auf Sexualität haben – und zwar mit womöglich mehr als dem »Einen Für Alles Für Immer«?

»Nichts Genaues weiß man nicht«

Die Zweierbeziehung wird als die Normalität angesehen, auf welche die Evolution der menschlichen Spezies unweigerlich hinauszulaufen haben müsse. Das mag sein. Vielleicht stimmt es aber auch nicht. Niemand weiß das so genau. Die Wissenschaft wird an dieser Frage weiterarbeiten – unter neuen Auftraggebern und mit neuen ForscherInnen. Ansätze dazu macht das Buch »Sex – die wahre Geschichte« der Autoren Christopher Ryan und Cacilda Jathá[17].

Es versucht nicht mehr und nicht weniger, als die wissenschaftliche Perspektive einmal probeweise diametral ins Gegenteil zu verändern.

17 Ryan, Christopher, Jathá, Cacilda: »Sex – die wahre Geschichte«, Klett-Cotta, Stuttgart, 2016, S. 308 f.

Was wäre, wenn der Mensch kein monogames Wesen wäre? Was wäre, wenn Frauen das lustvollere und Männer das sexuell festgelegtere Geschlecht wären? Was wäre, wenn es in der Entwicklung des Menschen nicht um Bewahrung, Abgrenzung und Erhaltung allein, sondern auch um Vielfalt, Gleichberechtigung und Lust gegangen wäre? Was, wenn es einfach nicht stimmte, dass Frauen lustloser als Männer seien? Auch für diese These finden sie Belege. Nicht alle scheinen überzeugend, manche erscheinen dem kritischen Leser ebenso hanebüchen wie einige der Forschungen, die vorher das Gegenteil beweisen wollten. Anthropologie und Soziobiologie in ihrem Spannungsfeld zwischen Natur und Kultur sind eben stark deutungsabhängig. Dennoch: Die Autoren versuchen, die biologische und die kulturelle Ebene voneinander zu trennen, was beide gleichzeitig relativiert und so Bewegung in den festgefahrenen Diskurs bringt. Was wir heute leben, ist nur zum Teil genetische Disposition. Das macht Mut zur Veränderung.

»Angeblich ist der Krieg der Geschlechter durch die Biologie vorprogrammiert: Männer wollen möglichst viel ungebundenen Sex, Frauen dagegen möchten nur wenige Partner mit so viel Bindung wie möglich. (…) In seinem 1972 veröffentlichten, inzwischen zum Klassiker avancierten Aufsatz über ›elterliche Investitionen‹ schrieb der Biologe Robert Trivers: ›Im Prinzip kann man die beiden Geschlechter behandeln, als würde es sich um verschiedene Spezies handeln – das andere Geschlecht ist jeweils eine Ressource, die relevant für das Überleben der eigenen Nachkommen ist.‹ Die Interessen von Männern und Frauen sind einander demnach bei der Fortpflanzung derart entgegengesetzt, dass wir unseren Partnern gegenüber ähnlich wie Raubtiere agieren. (…) Glauben Sie das nicht. Wir sind nicht dazu geschaffen, einander unglücklich zu machen. Eine solche Sichtweise will die Schuld an der Kluft, die sich zwischen unseren naturgemäßen Neigungen und der Sozioökonomie der postagrarischen Welt auftut, der Evolution in die Schuhe schieben. Die Behauptung, Menschen seien von Natur aus monogam, ist schlicht eine Lüge, die wir nach dem Willen der meisten westlichen Gesellschaften einander immer weiter auftischen sollen.

Die Unterschiede zwischen Männern und Frauen lassen sich nicht bestreiten, doch wir sind wahrlich keine unterschiedlichen Spezies oder stammen von verschiedenen Planeten, und wir sind auch nicht dazu geschaffen, einander zu quälen. In Wahrheit bezeugt die ineinandergreifende Natur unserer Unterschiede unsere tiefe emotionale Verbundenheit.«[18]

Das war nämlich so ...

Worin besteht die Chance, wenn Kulturmuster und scheinbiologische Unumstößlichkeiten infrage gestellt werden? Auch hier geht es wieder einmal darum zu erkennen, dass Individuen der westlichen Gesellschaft nicht nur von höchstpersönlichen Antrieben gelenkt werden, sondern auch gelernte Denkmuster reproduzieren, die ihnen bei der Gestaltung einer erfüllenden und aufgeklärten Partnerschaft aber nicht viel nützen. Wer sich die Welt einfach macht und Angehörige ganzer Geschlechter über einen Kamm bestimmter Eigenschaften schert, übersieht, dass diese Zuschreibungen nicht nur auf denjenigen wirken, der sie trägt, sondern – systemisch gedacht – immer auch auf die Person, die mit dem Individuum agiert. Wer mit dem Grundsatz »Männer sind Schweine« durch die Welt geht, wird sich ihnen gegenüber exakt so verhalten. Abwertend, geringschätzig, misstrauisch und spöttisch. Wer meint, Frauen seien zickig, wird ihnen nicht zu nahe kommen wollen, wird sie provozieren und ärgern, hintergehen oder austricksen. Es lohnt sich, die eigenen Ansichten über die Genese unserer heutigen Vergemeinschaftungsformen durch Lektüre entsprechender Literatur oder durch Recherche im Netz auf den neuesten Stand zu bringen und keine Wahrheiten pauschal anzuerkennen, nur weil sie so wunderbar plausibel und einfach daherkommen.

---

18 Ryan, Jathá, ebd.

Abkehr von der Monogamie: Offene Beziehungen, Beziehungsanarchie, Polyamorie

Untreue muss nicht zur Trennung führen, wenn man von Menschen erfährt, die seit Jahren glücklich ohne Treueversprechen leben.

Wenn die Treue so schwierig ist – warum schaffen wir sie nicht einfach ab? Es macht doch keinen Sinn, sich an etwas abzuarbeiten, das sowieso nicht erreichbar scheint. Der Mensch, wir haben es gelernt, ist ein promiskes, lustbetontes Wesen, das seine unberechenbar aufkommenden Triebe durch keine Strafandrohung und keine Vernunft in den Griff zu bekommen scheint. Während alle anderen Laster, die noch vor Jahrhunderten als Todsünden mit dem Schmoren im Höllenfeuer bedroht waren, bagatellisiert und profanisiert wurden (Neid, Hoffart, Zorn, Völlerei und Trägheit, Geiz oder Hochmut sind heute kein Grund mehr, auch nur eine Augenbraue zu heben), besteht das Tabu der Unzucht noch immer. Weg damit, möchte man meinen.

Wozu überhaupt monogam leben? Wenn der Mensch, wie die Anthropologie aktuell nachweisen will, überhaupt nicht monogam sein kann und ebenso wenig Spaß daran hat, sich in Fragen der Lust zurückzuhalten – wozu versucht die Menschheit seit Jahrhunderten, sich eben diese Lust auf fremde Haut abzutrainieren? Das Ideal »immerwährender Treue« ist eine Utopie. Die Abkehr von der Monogamie scheint unter diesem Aspekt so logisch wie sinnhaft und könnte ein Baustein der Gedankenkette sein, an deren Ende viel mehr frei denkende und lebende Menschen mündige Beziehungen führen könnten. Diese Utopie (und sie ist als Prinzip der Untreue eine ebensolche Utopie wie die immerwährende Treue) wird von verschiedenen Denkschulen vorangetrieben und entwickelt. Zum einen sind da die polyamoren Gruppierungen, die unter dem willkürlich zusammengesetzten Phantasiebegriff »Polyamorie« (oder »Polyamory«) postulieren, dass man mehr als einen Menschen auch erotisch lieben kann. Die Bewegung hatte ihren Ursprung in den USA der 60er-Jahre des vergangenen Jahrhunderts und erlebt seit etwa zehn Jahren in Europa eine Renaissance und Weiterentwicklung. Nicht nur demographisch ist dieses Gedankenexperiment hochinteressant. Wenn sich statt aufgelöster Zweierverbünde, bei denen durch Scheidung oder Tod ein einzelner Partner zurückbleibt, mehr lebendige familienähnliche Strukturen mit mehr als einem Verantwortlichen fänden, die sich in Liebe umeinander kümmerten, bekämen die Themen »Versorgung von Senioren« und »Alterseinsamkeit« konstruktive Aspekte und fänden neue Lösungen. Auch anderen, sozial immer relevanter werdenden Themen bietet Polyamorie Lösungen an. Beispielsweise steigt die Zahl der Pendel- und Fernbeziehungen. Eine wirtschaftlich und persönlich clevere Lösung wären in diesen Fällen beispielsweise mehrere familiäre Standorte. So könnten Liebende sich und den Kindern alles geben, was sie brauchen, und sich gleichzeitig den Anforderungen eines sich räumlich verzweigenden Marktes anpassen. Auch bezüglich des Themas Seitensprung ist Polyamorie ein ernst zu nehmendes Diskussionsangebot. Wenn nicht nur Sexualität, sondern auch Liebe mit mehreren Menschen gleichzeitig denkbar und lebbar wäre, fiel eine ganze Menge Probleme emotionaler wie wirtschaftlicher Art unmittelbar weg, weil im Falle des Fremdbegehrens überhaupt kein Handlungsbedarf entstünde. Wer in liebender Mitfreude dem Partner die sexuelle und emotionale Lust mit anderen gönnt, braucht sich weder scheiden zu lassen noch einen Paartherapeuten aufzusuchen und müsste nicht einmal ein Ratgeberbuch kaufen. Was also macht die Polyamorie so schlecht umsetzbar? Die Idee ist doch brillant! (Das »aber« wird noch auftauchen.)

Nicht jeder darf mit jedem

Neben den Denkmustern und emotionalen Gewohnheiten, deren bloße Infragestellung für viele Menschen schon ein Affront ist, bildet auch ein handfester ökonomischer Boykott solcher Beziehungen ein unüberwindbar scheinendes Hindernis. Ideen wie die Polyamorie werden medial nicht unterstützt, nicht erklärt, nicht gefördert. Ganz abgesehen davon würde sich die Seitensprung-Industrie ihrer Einnahmen selbst berauben, wenn jeder könnte, wie er oder sie wollte. Nicht nur deswegen werden innovative Utopien wie Polyamorie totgeschwiegen oder als spinnerte Ideen von Tantra-Hippies abgetan wie unlängst in einem Krimi im deutschen Fernsehen: In einer kommunenähnlichen WG lebten Sexualtherapeuten (!) und Tantra-Lehrer (!) zusammen, die eine größere Menge Kinder produziert hatten und sich im Sinne der Gruppendynamik zum solidarisch-gemeinschaftlichen Sex mit den anderen Bewohnern nötigten. Das Ganze endete (natürlich) mit Mordlust und einer Leiche. Dass eine solche Darstellung niemanden einlädt, auch nur über die Öffnung der Beziehung nachzudenken, versteht sich von selbst. Medien neigen dazu, bestehende Systeme zu bestätigen.

Wilde Ehe – freie Liebe

Natürlich widersprechen sich die Ansprüche des Staates an verlässliche Zellenbildung im Familiären und Polyamorie ebenfalls diametral, zumindest in den aktuell bestehenden ökonomischen Strukturen. Wer im Buch von Herrad Schenk[19] liest, wie sich die materielle und soziale Situation für unverheiratete Paare bis zum Ende der 80er-Jahre des letzten Jahrhunderts darstellte, fühlt sich an die Situation der »Polys« heute erinnert. Auch die Versorgung von Kindern aus Ehen ohne Trauschein musste seinerzeit geregelt werden. Der Ruf der »wilden Ehe« als Tummelplatz für wilde Begierden und hemmungslose Sexualität musste abgelegt werden, um Kindern von Alleinerziehenden Chancen zu ermöglichen. (Damals hieß es noch »Alleinstehend« – welch ein Unterschied!) Heute sind Umgangs- und Erbrecht in nicht ehelichen Beziehungen aufs Beste geregelt, und der Trauschein verliert für die Ernsthaftigkeit von Beziehungen immer weiter an Bedeutung. Seit 2017 dürfen homosexuelle Paare in Deutschland heiraten und Kinder adoptieren. Die Frage, ob man nicht auch freie Liebesverbünde staatlich regeln könnte, ist berechtigt. Was hindert uns?

---

19 Schenk, Herrad: »Freie Liebe, wilde Ehe – Über die allmähliche Auflösung der Ehe durch die Liebe«, dtv, München, 1995.

Leute – das geht nun wirklich nicht!

Wie sollte der Staat heute damit umgehen, wenn in Liebe Verbündete in wechselnden Konstellationen miteinander Familien und Clans bildeten? Schwierig: Denn die Regelung der Versorgung von Kindern und nicht berufstätigen Vätern und Müttern könnte jederzeit beliebig wechseln, wenn ein neues Mitglied in Liebe dem Clan zugeführt wird. Der Erwerb und die Verwaltung von Eigentum würden kompliziert und unübersichtlich. (»Das Haus gehört zu einem Achtel der Conny und zu vier Achtel dem Jupp mit den Kindern von Sonja und Horst, aber nur zu einem Teil ...«) Hier würde jedes Grundbuchamt abwinken und jedes Kreditinstitut seine Tore vernageln. Wenn also weder Eigentum noch volkswirtschaftlicher Mehrwert in Form bleibenden Besitzes produziert wird, hat der Staat kein Eigeninteresse daran, solche Lebensformen durch materielle Privilegien zu unterstützen. Sie würden unendlichen Aufwand und eine volkswirtschaftliche Umstellung des trägen, aber effizienten Dinosauriers »exklusive Paarbeziehungen« bedeuten. Was bei der sogenannten »Homo-Ehe« gerade noch denkbar ist (Adoptionen, Erbrecht), scheitert bei Polaymorie schon im Ansatz. Ohne finanziellen Anreiz, ohne rechtliche Absicherung, ohne die Klärung materieller Besitzfragen ist Polyamorie für einen erdrückenden Teil der Erwachsenen nicht einmal ansatzweise denkbar.

Was wäre, wenn wir gar nichts hätten?

> Untreue muss nicht zur Trennung führen, wenn materielle Interessen am Fortbestand einer Beziehung kein Tabu-Thema mehr wären, sondern ein ebenso diskutabler Grund wie Liebe.

Für die Beschäftigung mit Fragen zum Thema »Seitensprung« ist die Sichtweise der Polyamoren in jedem Fall hilfreich. Hier nämlich ist die Idee, Besitz und Liebe zu entkoppeln, die Voraussetzung dafür, diese der Abhängigkeit vom Konsum zu entheben. Wer sich von der Vorstellung löst, man könne Liebe »tauschen«, »geben«, »verschenken«, »mehr bekommen«, »weniger bekommen« oder »entziehen« oder auch nur »haben«, hebelt die vermeintliche Gleichung aus, dass derjenige, der seine Lust mit anderen teile, den Partner nicht mehr liebe. Wer also mehreren Personen gleichzeitig Lust schenken und sie lieben kann, hat in der Konsequenz keinen Anlass, die eine oder die andere Liebesbeziehung für die jeweils andere aufzugeben. So weit die Theorie.

Poly-Idyll

Es gibt inzwischen eine ganze Reihe polyamor motivierter Verbünde, die sich in Liebe zugetan sind. Die Schule der Polyamoren mag zersplittert und manchmal feindselig in der Auslegung der Lesart sein – es gibt dennoch einige funktionierende Clans, die sich manchmal auch Wohnraum teilen. Sie erinnern an Gruppenfamilien der Vorzeit, in denen sexuelle Exklusivität nicht verlangt und nicht gelebt wurde. Dabei mischen sie ihre Lebensweise unter der Gruppenfamilie und der Paarungsfamilie. Sie nennen das Center-Wing (mit einem Menschen als Bezugsperson und einem oder mehreren als Erweiterung) oder mit mehreren gleichrangigen Centern. Durch die Ansammlung mehrerer, sich in Liebe zugetaner Personen entsteht oftmals eine rege Fluktuation an den Rändern. Den Kindern solcher Verbünde geht es, entgegen der Befürchtungen besorgter Anhänger der Monogamie, genauso gut oder schlecht wie anderen Kindern, die in Kleinfamilien aufwachsen. Die Organisation solcher Clans ist allerdings oftmals schwierig, da sie sich im Rahmen und dem Kalender der westlichen, monogam und christlich geprägten Welt des Kapitalismus bewegen. Deutlich formuliert: Auch polyamore Gruppen können, wenn sie berufstätig sind, nur am Sonntag mit den Kindern zum Baden an den See. An Weihnachten wollen bestimmte Gruppen mit ihren Lieben feiern – andere aber auch. »Letztes Jahr waren Fred und Pia mit den Kindern von Hannah und Fred zu Pfingsten weg, diesmal sind wir mit Pias Kindern dran!« -- (Oder so ähnlich.) Je mehr »Familie« in einem solchen Verbund stattfindet, desto komplexer wird die Gestaltung des Alltags.

Polyamorie ist konsequent. Es geht aber noch konsequenter in Richtung »unabhängige Entscheidung für die Liebe.« Beziehungsanarchisten, eine der anderen neueren Gruppierungen, halten von festen Clans nichts. Sie tun sich in Freundschaft, erotischer Anziehung, promisken Affären oder BDSM-Verbindungen zusammen, ganz wie die jeweilige Person das wünscht und das Individuum gegenüber es erfüllen mag und für sich selbst als sinnvoll und befriedigend erachtet. Diese Lebensweise maximaler persönlicher Freiheit und Vielfalt entspricht dem Pluralismus unserer Gesellschaft am ehesten und widerspricht dem Anspruch der romantischen Liebe als kontinuierlichem Weltbezug am meisten. Für jeden Anlass das, was man braucht, es ist für jedes Bedürfnis jemand da. Wer lieben will, liebt, wer nicht lieben will, darf etwas anderes tun, Hauptsache, es wird ehrlich und offen miteinander umgegangen. Hier liegt allerdings ein Paradoxon verborgen. Die kritisierte kapitalistische Welt mit ihrer Verkonsumierung der Liebe sieht der Beziehungsanarchie, in einem bestimmten Licht der Bedarfsorientierung betrachtet, ziemlich ähnlich. Für jeden Anspruch, für jede Vorliebe, für jedes Bedürfnis ist der passende Partner irgendwo da draußen. Man darf probieren und jederzeit wieder verschwinden, so ist Anarchie. Keine Regeln und keine Verbindlichkeiten bremsen den natürlichen Lauf der Emotionen, Abneigungen und Gelüste. Natürlich will die letzte Anmerkung nicht in Zweifel ziehen, dass beziehungsanarchische Freundschaften und Kontakte auch liebevoll, verantwortungsvoll und zuverlässig sein können. Sie vertragen sich allerdings selten mit gemeinsamen Wohnungen, gemeinsamen Kindern und gemeinsamem Eigentum. Sie beziehen sich also, ohne dies ausdrücklich zu ihrem Motto zu machen, zurück auf eine vorbesitzliche, vorsesshafte Zeit, in der man mitnahm, was man brauchte, und sich nicht auf eigenem Grund niederließ.

Treue ist uncool (?)

Generell gibt es einen feststellbaren Trend zur Infragestellung der monogamen, d. h. sexuell exklusiven, Zweierbeziehung. Interessanterweise sind viele Autoren, die zum Thema »Offene Beziehung« und »Polyamorie« veröffentlichen, männlich, kinderlos und unter vierzig Jahre alt. Dieser Sachverhalt mag nebensächlich sein, sollte aber doch nicht unbewertet erwähnt bleiben. Sehen wir uns diese Argumentationen genauer an.

Man könnte resümieren: Die Monogamie mit ihren unguten Verklebungen mit dem kapitalistischen System bringt Liebenden kein Glück. Schaffen wir sie also kurzum ab. Weg damit, wir leben ab sofort polyamor oder beziehungsanarchisch oder jeder, wie er will, alle geben so viel oder so wenig, wie sie jeweils wollen oder können, keine Verpflichtungen, die man nicht eingehen will, nur noch freiwilliges Einlassen auf den oder die Partner, die im Augenblick bereit sind, Liebe zu empfangen und zu geben. Ein freier Fluss freundlich gestimmter, allumfassender Liebe. Eine schöne und friedliche Vorstellung, die ebenso utopisch ist wie die dauerhafte Monogamie.

Die Abkehr vom Gewohnten führt unter diesen Vorzeichen zu interessanten Perspektiven. Jüngere Autoren wie z. B. Friedemann Karig plädieren dafür, die Monogamie spielerisch herauszufordern. »Aber weil wir die klassische Ehe nicht mehr brauchen, um die Treue hochzuhalten, bin ich dafür, zu heiraten. Denn eine neue Form der Ehe mit einer riesigen Party aka ›Hochzeit‹ als Start, mit individuellen Umständen und Wünschen und ohne den größenwahnsinnigen Anspruch, es für immer miteinander aushalten zu müssen, ist genau die Form von freier Liebe, die uns guttun würde«[20], und weiter: »Heute darf jeder heiraten, wie er will. Doch selbst eine nach Gefallen spinnbare Hochzeit ist für viele offenbar keine Option. Sie beziehen stattdessen gemeinsame Wohnungen, kaufen Autos und bekommen Kinder. Sie wollen ALLES miteinander. Außer heiraten. Wozu, fragen sie, ist doch alles gut, auch ohne Ringe? Als bliebe ihre gelebte Liebe, solange sie nicht verheiratet sind, ein Spiel. Als könnten sie ohne Trauschein jederzeit sagen:

---

20 Karig, Friedemann: »Wie wir lieben – vom Ende der Monogamie«, Blumenbar, Berlin, 2017, S. 226.

Ach, das Auto, die Wohnung, die fünf Jahre, das Kind – es war ein Fehler! Komm, lassen wir's, machen wir's gut.« Und noch weiter: »Die Ehe dient endlich uns – nicht wir ihr.«[21] Letzteres allerdings könnte ein Irrglauben sein. Denn selbst, wenn man davon überzeugt ist, besonders clever mit den Vorzügen und Privilegien der Ehe umzugehen und sie zu nutzen, um sie dann bei Nichtgefallen wieder als »bürokratische Wurzelkanalbehandlung«[22] zu betrachten und nach Belieben aufzulösen, ist naiv und tatsächlich etwas einfältig. Man fühlt sich an die Zalando-Mentalität erinnert, in der alles umtauschbar ist. Die Bestellenden fühlen sich pfiffig, weil sie das System effizient ausnutzen, der Schuss geht aber in jeder Hinsicht nach hinten los, führt im Fall von Zalando zu Umweltverschmutzung, Ausbeutung und Preiserhöhung. Im Fall »Ehe« bleiben als Emissionen »Versorgungsausgleich«, »Unterhalt« und »Rente« in der Luft hängen. Der Staat bietet die Ehe als attraktive Lebensform an, sponsert sie mit Kinderfreibeträgen und Steuerersparnis, Ehegattensplitting und Vorteilen, die eine unverheiratete Beziehung nicht genießt. Verheiratete dürfen medizinische Informationen im Krankenhaus erhalten, sie dürfen die Mathearbeit des Sohnes unterschreiben und die Tochter im Ferienlager anmelden. Verheiratete bekommen einfacher Kredite und werden bei Anträgen vorgezogen. Kernig zu behaupten »Spielt doch mal mit der Ehe und höhlt das System von innen aus« ist zu kurz gesprungen und verharmlost das, was der Staat dafür sehen will. Er will, dass Paare zusammenbleiben, egal, wie. Er möchte zu Recht und durch dauerhafte Verbindungen soziale Leistungen privatisieren, um besser wirtschaften zu können. Trennen sich die Partner, sind die Konsequenzen hart und schmerzhaft. Unterhaltszahlungen, Sorgerecht, Versorgungsausgleich, Rente. Alle diese Themen sind bei einer »Riesenparty aka Hochzeit« natürlich fade Spaßbremsen. Unser Staat geht einen Deal mit Brautpaaren ein, um in der flockigen Diktion zu bleiben. *Ihr bindet euch, wir rechnen*

---

21 Karig, ebd.

22 Karig, ebd., S. 226.

mit euch. So einfach lässt der sich seine einmal versprochenen Vergünstigungen nicht wieder wegnehmen. Auch gilt die muntere Sorglosigkeit in Karigs Buch wahrscheinlich nur für die jüngere Generation. Menschen, die im Laufe ihres Lebens materiellen Reichtum geschaffen, Kinder in die Welt gesetzt und großgezogen haben, erheben an ihre Zweierbeziehungen vermutlich andere Ansprüche. Friedemann Karigs Buch, das will aber dringend noch erwähnt sein, ist dennoch überaus lesenswert, allein schon wegen seines Mutes, Beziehungen neu denken zu wollen.

Will man Polyamorie und Absicherung verbinden, ist man (noch) in der Verantwortung, sich selbst darum zu kümmern, wie man versorgt wird. Polyamorie verpflichtet also auch zum mündigen Umgang mit dem eigenen materiellen Standing. Ob das allen bewusst ist, die im polyamoren Modell die erlösende Befreiung von allen sexuellen und emotionalen Beschränkungen sehen?

Monogamie ≠ Ehe

Monogamie – das soll nicht unbeachtet bleiben – findet allerdings auch in nicht verheirateten Zweierbeziehungen statt. Alle wollen eine wie auch immer definierte Treue und Sicherheit vor Verletzungen. Nicht nur, weil Untreue vorprogrammiert ist, sondern weil sie wehtut. Die Monogamie allein produziert die Untreue aber nicht, also kann man sie auch nicht durch Polygamie, Polyamorie oder Beziehungsanarchie austricksen. Gleichgültig, welcher Beziehungsform man sich anschließt – da darf gottlob jeder entscheiden, wie er oder sie mag: Dass der Mensch, den man intim kennt und mag, auf den man sich verlässt und mit dem man in manchen Momenten auch einmal verschmelzen möchte, auch andere begehrt oder mit ihnen in intimen Verbindungen lebt, das ist in vielen Momenten nicht leicht zu verarbeiten. Mit Eifersucht und Ängsten haben alle liebenden Menschen irgendwann zu tun. Man kann sie nicht clever umgehen und eine Party daraus machen, es sei denn, man ist im glücklichen Zustand der absoluten Eifersuchtsfreiheit und Großzügigkeit.

Das Rezept in allen Beziehungsformen, ganz gleich ob monogam oder nicht, ist Respekt vor den eigenen und den Bedürfnissen des anderen, die Wahrung von Schmerzgrenzen, Trost und Rücksicht, Fürsorge, Beistand und Verständnis. Beziehungen sind Kommunikation, ganz gleichgültig, welcher Form sie angehören. Und nur Kommunikation hilft dabei, Themen aufzulösen. Nur Kommunikation vermag Trost zu geben, Wahrheiten zu transportieren und Konsequenzen zu vereinbaren. Die Abschaffung der Monogamie ist nicht die Lösung. Sondern die Priorisierung aufrichtigen Austauschs mit gegenseitiger Zumutung und Zutrauen.

Treue und Liebe – was ist denn das überhaupt?

Treue leitet sich dem Wortstamm nach vermutlich von »Eiche« her, also Wurzeln, Stamm und Standhaftigkeit. Nach diesem Wert streben menschliche Beziehungen. Sie wollen sich als verlässlich und vertrauenswürdig erweisen, Zuversicht und damit auch Lebensfreude schaffen, Mut und Kraft für die Zukunft im Wissen, dass man sich aufeinander verlassen kann. Im Lateinischen heißt das »Fidelitas«. Daraus leitete sich irgendwann »fidel« ab, was »heiter« oder »lustig« bedeutet. Treue macht lustig. Untreue macht traurig.

»Ich habe qualitative Interviews geführt, Tausende von Fragebögen ausgewertet, Artikel aus Zeitungen und Zeitschriften, Filme, Romane, Telenovelas und unzählige Bücher zum Thema analysiert. Ich habe verschiedenste Diskurse untersucht und frage mich nach so vielen Forschungsjahren, warum die Untreue eines der Hauptprobleme, wenn nicht DAS Hauptproblem einer Ehe ist. Wenn man den prozentualen Anteil derer betrachtet, die zugeben, ihren Partner betrogen zu haben, könnte man denken, dass es sehr viel mehr untreue Männer und Frauen gibt als treue. Trotzdem wird in der Bevölkerungsschicht, die ich untersuche (die städtischen Mittelschichten), ein so häufiges Verhalten weiterhin als Deviation betrachtet, als ein schwerwiegendes und inakzeptables Problem, und das sogar von denen, die selbst untreu sind. In einer Zeit, in der Paare nicht mehr an die ewige Liebe glauben, ist es interessant zu sehen, wie sehr Treue immer noch idealisiert wird, nämlich sogar in Bezug auf nebeneheliche Beziehungen. Die Geliebte eines verheirateten Mannes, (...), glaubt, dass ihr Partner mit seiner Frau keine sexuellen Beziehungen mehr hat. Der verheiratete Mann glaubt, dass seine Geliebte ihm sexuell treu ist. Nicht nur in der Ehe, sondern auch im Ehebruch ist Treue ein Wert.«[23]

Es ist bemerkenswert, dass nicht nur die Treue in der bestehenden Ehe weiter hochgehalten wird, obwohl alle wissen, dass die wenigsten Menschen ihr Leben lang treu bleiben. Nein, sogar in Nebenbeziehungen, auf Dating-Plattformen und auf Seitensprung-Seiten erwarten insbesondere die Frauen ebenfalls sexuelle Exklusivität. Hier wird die bigotte Unterhöhlung des Wertes »Treue« so augenfällig, dass es immerhin die Betreffenden selbst bemerken sollten. Doch nichts davon tritt ein. Sogar Seitenspringer und Betrügende geben sich der Illusion hin, mit dem illegitimen Partner Treue zu wahren. Geliebte gehen nach Goldenberg davon aus, dass ihre Liebes- oder Lustpartner auch ihre Lebenspartner, ihre einzige Beziehung sind – und umgekehrt. Sie glauben durchweg, was ihnen vermittelt wird, nämlich, dass die sexuelle Beziehung zu ihnen exklusiv ist und die Fremdgänger eben nicht mehr mit ihren Ehefrauen schlafen. Treue entzieht sich also teilweise der Ratio. Hier wird noch einmal plausibel, dass Treue nichts ist, das im christlichen Wertekanon vermittelt wird. Treue ist ein Wert an sich, der tiefe Schichten der eigenen Persönlichkeit berührt und befriedigt. Treu »ist man nicht, weil man es will«, sondern vielmehr, weil man in sich selbst Heilung erfahren hat, in einem momentanen Gleichgewicht zwischen eigenen Bedürfnissen und denen des jeweiligen Partners befindet. Insofern herrscht auch hier ein »quid pro quo«. Liebe ist weit weniger romantisch, altruistisch und schicksalsmächtig als angenommen. Sie ist eine Vereinbarung, sie ist das Versprechen auf gegenseitige Heilung

---

23 Mirian Goldenberg, »Untreu«, UKV Verlagsgesellschaft München, 2006.

und Erlösung, auf gegenseitige Heimat und Geborgenheit. Hierfür versprechen wir gerne das Blaue vom Himmel. Weder um jemandem zu schaden noch um uns zu bereichern, sondern um Heimat und Zugehörigkeit zu erfahren.

Treue als Begriff, der in unserem Sprachraum auf den Wortstamm »Baum« zurückgeführt werden kann, ist also das Gefühl, unverbrüchlich Wurzeln geschlagen zu haben, fest und sicher zu stehen, aber auch, wachsen zu dürfen in dem Spannungsfeld und unter den äußeren Bedingungen, die das Gedeihen eines Baumes gefährden, bremsen oder hemmen. Insofern trifft die Beschreibung des Bundesministeriums, Ehe sei eine auf Dynamik und Wachstum angelegte Gemeinschaft, den Kern recht gut. Treue besteht insofern nicht aus einmal definierten Normen oder Gesetzen, sondern entwickelt und definiert sich immer wieder neu. Dass Treue nur und ausschließlich sexuelle Exklusivität bezeichnen soll, wird ihr nicht gerecht. Schließlich ist man auch einer Fußballmannschaft, seinem Stammlokal und sich selbst treu.

Als Angebot soll an dieser Stelle schon einmal die Ersetzung des Begriffs Treue durch den der Loyalität versucht werden. Loyalität ist die gemeinsame Liebe zu bestimmten Werten. Wer loyal ist, verhält sich solidarisch und tolerant, erkennt den Wert als der Person und ihrem Handeln übergeordnet an, verhält sich integer und redlich. Das muss nicht unbedingt sexuell treu sein, nicht um jeden Preis exklusiv, aber immer ehrlich und aufrichtig. Wer die Loyalität mit der Zumutung der Wahrhaftigkeit zum Beziehungswert Nr. 1 erklärt und die sexuelle Treue auf Platz zwei oder drei verbannt, vielleicht auch auf Platz sieben oder acht, der schafft sich ein breiteres Beziehungsfundament, einen größeren Platz in der Welt.

8. Vom Baum auf die Kirchenbank: Wie sich der intelligente Affe entwickelte und warum Verlieben so menschlich ist

Untreue muss nicht zur Trennung führen, wenn Paare sich zugestehen, dass sie es so gut gemacht haben, wie sie konnten. Mit der Partnerschaft wird man weitgehend allein gelassen. Liebe ist Privatsache.

Menschen springen sich – jedenfalls meistens – nicht mehr sexuell motiviert an, um Konflikte zu beschwichtigen, Aggressionen abzubauen oder Langeweile zu vertreiben. Das würde in den von Zeitknappheit und Effektivitätsstreben geprägten Alltag einfach nicht mehr hineinpassen. Um sich anderen Menschen in sexueller Absicht zu nähern, bedarf es nicht nur starker körperlicher Anziehung, sondern auch Sympathie und im besten Falle Seelenverwandtschaft. Dieser Zustand von großer affektueller Ergriffenheit heißt Liebe und meint den Zustand der Verliebtheit, wenn die Menge der Gemeinsamkeiten unendlich scheint, wenn alles passt, wenn man im anderen aufgeht und sich ohne Angst verlieren kann.

Verliebtheit ist eine aufregende Sache. Nach einer mehr oder weniger langen Akquise-Phase, in der man Zeit und Ressourcen in die materielle und mentale Selbstausstattung investiert hat, in der eigenes Aussehen und passendes Selbstmarketing optimiert wurden, die Freizeitgestaltung und die Ausstattung mit vorteilhafter Kleidung und Accessoires dafür gesorgt hat, dass man im Meer der 80 Millionen den oder die eine/n auf sich aufmerksam gemacht hat, geschieht es endlich: Schmetterlinge oder Düsenjets kreisen durch den Bauch. Während der Unsicherheit, ob der andere auch so empfindet wie man selbst, ist die Verliebtheit am aufregendsten. Gänseblümchenzupfen und sehnen, bange hoffen und sich Träumereien hingeben: So werden Liebesgedichte geschrieben. Es raucht und zischt, in den Synapsen und meistens auch im Bett. Es folgt mit Glück die Liebeserklärung und die noch inoffizielle Bestätigung: Jawohl, wir wollen es miteinander probieren. Danach wird die Öffentlichkeit einbezogen. Der erste öffentliche Auftritt mit dem neuen Schatz – ein Großereignis. Nach dieser Großoffensive der Liebe kehrt meist eine gewisse relative Ruhe in die Beziehungen ein, in der sich die Liebenden an die neue Rolle gewöhnen und eventuell neue Pläne schmieden, zum Beispiel beruflicher Art. In dieser Phase geschehen einige spannende Dinge, meist unter den Augen interessierter Zuschauer. Verlobung, Heiratsantrag, Junggesellenabschied und Hochzeitsfeier, danach eine schöne Reise. Die meisten Paare wünschen sich Kinder und nehmen sich diesen Plan als ersten nach der Hochzeit vor. Mit der Geburt des ersten Kindes wallt das Öffentlichkeitsinteresse noch einmal kräftig auf. Auch hier bestimmen Ausstattung des Kindes, logistische Anpassung an das Leben als Familie (der praktische Kombi ersetzt beispielsweise das vorherige Auto) mit den Überlegungen nach Einrichtung und Wohnraum das Denken. Es wird gekauft, gemietet, umgebaut und angebaut, dekoriert und Geld ausgegeben – all das unter den Augen und unter der Mithilfe der Öffentlichkeit.

Nach dem Rauchen und Zischen – nichts als Asche?

Das Leben als Ehepaar und in einer Familie allerdings ist eher unperformativ. Mit dem Verschwinden der Verliebtheit entschwindet auch das öffentliche Interesse. Öder Alltag, fehlende Wertschätzung und – als krasses Gegenteil zum vorherigen Hype – gesellschaftliche Benachteiligung bestimmen den Alltag. »Er« darf nicht in Elternzeit, »sie« hat Schwierigkeiten, wieder in den Job einzusteigen. Keine Performance stärkt mehr das eigene Selbstbild. Paarprobleme und Langeweile, Schwierigkeiten in Alltagsfragen und abnehmende Kommunikation führen in manchen Fällen schon nach wenigen Jahren zu einer großen Sehnsucht nach der ersten Phase, in der man die eigene Verliebtheit stolz vor sich hergetragen hatte. Verliebtheit bedeutet Aufmerksamkeit, Beschäftigung mit sich selbst, Aufregung und Beliebtheit. Viele Menschen suchen genau das in einer Affäre. Sie suchen das Kribbeln, die Bestätigung von außen, das manchmal etwas eitle Spiegeln in der Bewunderung anderer. »Wo sind die Schmetterlinge geblieben?«

Oh, holde Maid – was Affären mit der Minne zu tun haben

Mit der Verliebtheit oder Schwärmerei innerhalb einer Affäre verhält es sich allerdings exakt umgekehrt zu der öffentlich bejubelten Verliebtheit – und doch so ähnlich. Selten werden die unübersichtlichen Unterströmungen unserer Liebesvorstellung so deutlich wie hier.

Verliebtheit ist öffentlich – die Affäre geheim. Kein Applaus begleitet die unerlaubte Schmetterlingsparade. Diese neue Verliebtheit muss heimlich sein, wird von der Öffentlichkeit abgelehnt und offiziell verurteilt. Diese Verliebtheit muss auch dauerhaft heimlich bleiben, und plötzlich sehen sich die Beteiligten in der Situation, sehr viel Energie in die Nicht-Öffentlichkeit ihrer Gefühle zu investieren. Das produziert einen ganz besonderen Reiz und erhebt die Affäre zu einer Besonderheit. Hier wiederum schlägt sich die Brücke paradoxerweise zum wesentlichen Kern unserer Liebesvorstellung. In der Minne war das Ideal der Liebe die Unerreichbarkeit. Was »kickte«, war, dass man die Angebetete wahrscheinlich niemals würde haben können. Man sang und lautierte sich am Fuße der Burg Kehle und Finger wund und dichtete die schmelzendsten Zeilen im Wissen, dass die Angebetete womöglich einen fiesen, dicken Graf von der anderen Seite des Tals heiraten müsste, damit es in diesem Jahr vielleicht mal keinen Krieg gäbe. Was untreue Menschen zerreißt, ist das Gefühl, in der Affäre das Richtige, das Wahre, die Liebe, wie sie sein sollte, gefunden zu haben. Schwärmerisch-sehnsüchtiges Schmachten ist der Turbo für jedes Liebesgefühl, schafft Rechtfertigung und Substanz. Während man schnellen Sex relativ leicht an jeder zweiten Ecke bekommen kann, wenn man Geld in der Hand hat, erscheint die unerreichbare Liebe so klar und rein – als die Essenz der Liebe an sich. Sendungen wie »Verbotene Liebe« oder Filme wie einst »Die Dornenvögel« spielen mit diesem Effekt. Er wirkt.

> Bei den Männern ist die häufigste Begründung für den Seitensprung, dass die Partnerin keinen Sex mehr haben will oder kann (34 %). Auch Langeweile ist für 28 % die Motivation fürs Fremdgehen. Erst an dritter Stelle ist eine konkrete Person »Auslöser« für Sex außerhalb der Beziehung.
> Quelle: Joyclub-Umfrage

Es geht (auch) ums Geld

Heimliche Stelldicheins sind teuer, sehr teuer. Sie erfordern finanziellen Aufwand in der Logistik. Wer es sich leisten kann, weitet Dienstreisen aus und mietet Hotelzimmer, andere unterhalten im Stil der Mätressen früherer Jahrhunderte den Lebensstil von Nebenbeziehungen, die bereit sind, zugunsten dieses Partners auf eigene Interessen zu verzichten. Andere bezahlen gar für erotische Abenteuer, indem sie die Dienste von Escort-Services oder Prostituierten wahrnehmen. Hier wird die konsumorientierte Dimension des Seitensprungs unübersehbar.

Wird eine Affäre offensichtlich, reagieren insbesondere die Frauen, denn sie werden in Filmen und Büchern immer noch meist als die Opfer männlicher Seitensprünge gezeichnet, damit, dass sie die Konsumgüter der Männer zerstören. Sie schlitzen die Reifen der teuren Autos auf, zerkratzen den Lack des Cabrios, werfen den neuen Laptop aus dem Fenster, zerschneiden die Hemden des Mannes oder ruinieren seine ganze Existenz, indem sie zum Beispiel die Kunde seiner Untreue in die Kreise der Kollegen des Mannes tragen oder ihn beim Finanzamt denunzieren. Die Strafe fürs Fremdgehen ist die Zerstörung dessen, was sich beide aufgebaut haben, den Entzug der materiellen Ressourcen, das Zerstören von Konsumgütern.

Verschiedene Formen der Untreue

Es gibt offenbar verschiedene Grade und Typen von Untreue, die einen entscheidenden Unterschied in der Bewertung des Seitensprungs bewirken.

1. Sexuelle einmalige oder wiederholte Untreue: »Es hat nichts bedeutet. Es war nur sexuell …«
2. Sexuell motivierte Untreue im Sinne eines orgiastischen, gesellschaftlich legitimierten karnevalesken Vergnügens: »Es hat nichts bedeutet, alle haben mitgemacht, es gab keine Regeln.«
3. Romantische Untreue als Protest gegen Unzufriedenheit: »Es ging nicht mehr weiter, mir hat etwas gefehlt.«
4. »Erst Freunde – dann mehr«: emotionale Untreue: »Ich habe bemerkt, dass ich noch andere Seiten habe und habe diese in meinem / meiner Vertrauten reflektiert gesehen.«
5. Untreue als Neustart eines gescheiterten Konzepts: »Mein Konzept unserer romantischen Beziehung hat mir nicht mehr gefallen, aber ich wusste nicht, was ich ändern konnte. Ich bin also auf das Angebot einer ebenbürtigen Alternative eingegangen und habe einen Neustart versucht.«

Je nach Motivation und Antrieb werden die Grundsätze der romantischen Zweierbeziehung in unterschiedlicher Weise und in unterschiedlichem Grad verletzt. Als die vermutlich bedrohlichste Variante für die Ursprungsbeziehung mag die Variante Nr. 4 wirken, in der eine einst für »harmlos« gehaltene Bekanntschaft mit einem Kollegen oder einer guten Freundin die Grenzen der Intimität überschreitet und zu einer Liebesbeziehung wird. Dort entsteht eine Art von Exklusivität und Selbstbestätigung, die einstmals der Kernbeziehung vorenthalten war. Eine solche Affäre beansprucht eine Bezogenheit und einen Grad an ungeteilter Aufmerksamkeit, die mit der vorherigen Beziehung vergleichbar ist. Die Übertragung der exklusiven Intimität auf eine neue

Person ist der Umstand, der diese Liebesfreundschaften zu der ernsthaftesten Bedrohung macht. Der oder die Neue erhebt Anspruch auf die Ressourcen des Paares, die man mit gemeinsamen Freunden, Zeit, materiellen Gütern, Kontakt zu gemeinsamen Kindern, Arbeitsumfeld, Lebensraum und geteilten Werten oder gleichwertigen Verfügbarkeiten beschreiben könnte. Je mehr der oder die Vertraute an diesen Ressourcen vor oder während der Affäre partizipiert hat, desto größer sind Demütigung und Schmerz. Aus diesem Grund wird auch die Affäre mit einem Familienmitglied zweiten Grades oder einer nahestehenden Person als besonders schwerwiegend eingestuft. Hier geht es wiederum nicht ausschließlich um psychologische oder emotionale Gründe, sondern auch um territoriale und hegemoniale Empfindlichkeiten.

Eine Kennenlern-Situation ist bei den Frauen der allerhäufigste Grund für einen Seitensprung (33,4 %). Eine wichtige Motivation ist für Frauen außerdem, von mehreren Menschen begehrt zu werden und sich attraktiv zu fühlen (21,5 %). Diesen Grund nannten bei den Männern lediglich 14,9 %. Im Gegensatz dazu scheint bei Männern auch die Heimlichkeit einen besonderen Kick zu geben. Immerhin 13,2 % (bei Frauen 8,2 %) ziehen daraus einen Lustgewinn.
Quelle: Joyclub-Umfrage

Einmal ist keinmal?

Warum wird die einzelne Begebenheit, der einmalige, sexuell motivierte Seitensprung, eher toleriert als der langfristige, der neben der Kernbeziehung existiert? »Zu einer betrog'nen Nacht hätt' ich vielleicht nichts gesagt, aber du hast ja gleich auf Liebe gemacht …« singt Herbert Grönemeyer in »Was soll das?« Vermutlich wirken hier zwei Faktoren. Das rauschhafte, ekstatische Ausklinken aus der alltäglichen Realität mit ihrer Langeweile und Mühsal hat eine lange Tradition. Schon vor dem Mittelalter gab es solche rauschhaften Feste. In abgewandelter Form existierten sie zum Teil auch in der Antike bereits.

Auch heidnische Bräuche kannten teilweise mehrtägige orgiastische Feste, die dazu dienten, Exzess und Lebensfreude unbegrenzt und ohne Rücksicht auf Verpflichtungen oder Versprechungen ausleben zu dürfen. Währenddessen gezeugte Kinder wurden teilweise sogar als legitime Nachkommen akzeptiert, und es mischte sich dort (ohne dass die Beteiligten es seinerzeit wussten oder ahnten) der Genpool und brachte oft besonders gesunde Kinder hervor. Später in der Geschichte verhalfen immer wieder die Maskerade oder der Rausch (oder beides in Kombination) zu der Anonymität, die hemmungslose Ausschweifung ermöglichte. Das Ausbrechen aus dem aufreibenden oder langweiligen Alltag erfährt in Karnevalsveranstaltungen oder den berüchtigten Kegelfahrten nach Mallorca, ins Sauerland oder andere Destinationen eine bis heute anhaltende Legitimation. »Was in Vegas geschieht, bleibt in Vegas« heißt es in den Filmen der »Hangover«-Reihe. Übertragen könnte man sagen: »Was in Willingen passiert, bleibt in Willingen« oder »was in Köln passiert, bleibt in Köln«. Dort wird ohne weitere Beachtung von Charaktermerkmalen nach vorwiegend pragmatischen Gesichtspunkten der oder die Kandidat(in) gewählt, der eine unterhaltsame Nacht verspricht. Hier zeigt sich eine Überschneidung zu den volkswirtschaftlichen Profiten der Untreue. Der Karneval als Bütz-Festival, als stillschweigend akzeptierte urbane Orgie, scheffelt alljährlich Millionen in die Stadtkassen der betreffenden Städte. Wenn man sich nur einmal vorstellt, was der Kölner Karneval mit seiner Gastronomie und den gebuchten Übernachtungen der Stadt für einen Umsatz beschert, wird klar, dass entgegen der dort allerorten gebrochenen Eheschwüre keinerlei Maßnahmen ergriffen werden, dieses Treiben zu unterbinden, weder von den Stadtoberen noch von den Gastronomen noch von der Kirche, selbst wenn es die betrunkenen Jecken zu vorgerückter Stunde unmittelbar im Schatten des Domes miteinander treiben. Auch Ausflugshotels z. B. in Willingen oder auf Norderney profitieren ganz kräftig von der Sucht nach rauschhaftem Ausbruch und Karnevaleskem. Von einem Hotelier hörte man, dass ganze Busladungen abenteuerlustiger Reisender, sortiert jeweils nach Männern und

Frauen, zu den Wochenenden anreisten, dort bereits alkoholisiert im Zielort ankämen und lautstark nach dem anderen Geschlecht riefen. Gern würden anreisende Gruppen zusammen auf einem Flur untergebracht, und zwar so gebucht, dass die geografisch am weitesten angereisten in nächster Nachbarschaft quartiert würden. Das ermögliche problemfreie Wanderung von Zimmer zu Zimmer und verhindere spätere Komplikationen durch Nachbarschaftstratsch. Man reist an, betrinkt sich, singt, tanzt, knutscht und hat Sex, am nächsten Morgen steigt man verkatert in den Bus. Das war's. Alle diese Untreuen würden sich vermutlich als strikt monogam bezeichnen. Solche Exzesse werden nicht als Betrug angesehen, sondern als semilegitimes »Feiern+«, das stillschweigend akzeptiert wird, solange keine Konsequenzen in Form von Ansprüchen auf Zeit oder andere Ressourcen der Kernbeziehung erhoben werden.

9. Von Schuld, Moral und Redlichkeit

Untreue muss nicht zur Trennung führen, wenn Paaren bewusst wird, unter welchen Bedingungen sie seinerzeit Treue geschworen haben.

Versprochen ist versprochen

Viele der Menschen, die dieses Buch zur Hand nehmen, haben sich einst für eine kirchliche Trauung entschieden. Sie ist für eine Eheschließung in unserem Kulturkreis nicht zwingend erforderlich, viele Paare wählen sie dennoch wegen der emotionalen und feierlichen Dimension, die sie der Zeremonie verleiht. Nicht nur eine Unterschrift auf dem Papier soll geleistet werden, sondern ein Versprechen vor Gott.

Hier heißt es zum Beispiel:

»Ich [Name] nehme dich [Name] zu meiner / meinem Frau / Mann. Ich verspreche hier vor Gott und seiner Gemeinde, dich zu lieben, zu beschützen und zu trösten. Ich verspreche, dich nicht zu verlassen, weder in guten noch in schlechten Tagen, weder in Reichtum noch in Armut, weder in Gesundheit noch in Krankheit, und Dir die Treue zu halten, bis der Tod uns scheidet. In Verantwortung vor Gott und vor Dir und in Verantwortung vor unseren Familien (und unseren Kindern) verspreche ich Dir die Treue für immer. Ich weiß um meine Schwäche, doch im Vertrauen auf Gott wage ich diesen Schritt. Mit diesem Ring nehme ich Dich [Name] als meinen Mann / meine Frau. Ich werde Dich lieben, achten und ehren, in Gesundheit und Krankheit, in Reichtum und Armut, bis daß der Tod uns scheidet.«

Dieser Text allein ist schon eine Analyse wert. Bei einer Hochzeit soll es ja um Liebe und Treue gehen. Hier werden sie tatsächlich nicht nur erwähnt, sondern versprochen, und es wird darüber hinaus gelobt, den anderen niemals zu verlassen, ganz gleichgültig, was da kommen mag – bis dass der Tod das Paar einst scheide. Ein schönes Versprechen, das die Beschwörungsformel der romantischen Liebe feierlich auf den Punkt bringt. Doch realistisch ist sie nicht, diese Beschwörung. Statistisch gesehen scheidet der Tod erste Ehen nur noch zu 50 Prozent. (Dies soll als erfreuliche Tatsache gelten. Man mag sich nicht vorstellen, wie die Welt ansonsten aussähe.) Viele Ehen gehen innerlich auseinander, bevor der Tod auch nur am Horizont erscheint, die Eheleute bleiben aber verheiratet. Andere lassen sich scheiden und heiraten neu. Auch diese Ehen scheitern oft. Selbst wenn man annimmt, dass diese zweiten Ehen halten, bleibt von allen geschlossenen Ehen nur maximal die Hälfte bis zum Tod zusammen. In Großstädten und bei bestimmten Personengruppen liegt dieser Satz sogar noch niedriger. Das führt im Durchschnitt zu einer nüchternen Bilanz. Eine Ehe hält durchschnittlich 14 Jahre. Mehr nicht. So sagen es die Statistiker. Die wenigsten, die im für Deutschland berechneten Durchschnittsalter von 30 Jahren 14 Jahre verheiratet bleiben, gehen durch Todesfälle auseinander. Diese Zahlen machen deutlich, für welchen Zeitraum man sich moralisch verpflichtet. Welchen Sinn haben dann das Treueversprechen und die Zusage auf ewige Liebe bis zum Tod, wenn doch der Tod höchstwahrscheinlich seine gichtige Hand überhaupt nicht über dieser Liebe wird schweben lassen?

Der Tod holt uns alle

Das weiße Kleid, der feierliche Klang der Orgel, das Halbdunkel und die altbekannten Lieder, das Versprechen bis zum Tod, sie alle haben einen Zweck: Sie verpflichten und binden moralisch, schaffen Sicherheit und Nähe. Der Tod als ultima ratio ist in dieser Lebensphase so weit entfernt und hat doch solche Macht als Mahnung. »Bedenke, dass du sterblich bist!« Wer denkt im typischen Heiratsalter an den Tod? Wohl die wenigsten. Bis zum Tod wird die Ehe versprochen, aber eine Sterbegeldversicherung haben frische Ehepaare nicht. Sie würden sich sogar dagegen verwehren, über die Art ihrer eigenen Bestattung nachzudenken. Der Tod ist also hier nicht ernst gemeint, er übernimmt die Rolle des pathetischen Mahners. Die Barriere, sich zu trennen, steigt mit der Aufladung durch theatralische Inszenierung und Mystik. Emotionen ankern Versprechen. Beatrice von Weizsäcker sagt dazu: »›Bis dass der Tod euch scheidet‹, schon als Kind fürchtete ich mich vor der Formel. Schon damals dachte ich: Wenn der Tod die beiden scheidet, warum sollten sie heiraten? Warum eine Ehe eingehen, wenn sie doch ein Ende hat, ein so radikales, dass es selbst die Kirche an den Anfang der Beziehung stellt? (…) Mag der Satz auch sinnvoll sein – er bleibt eine Qual. Was mein Kopf versteht, erschüttert trotzdem mein Herz. Was für ein trostloser Beginn eines Lebens zu zweit.«[24]

Doch was, wenn der Tod als Trennungsgrund wirklich ausscheidet? Als das Eheversprechen in seiner heute immer noch deklamierten Form entstand, lag die Lebensdauer der meisten Menschen im Durchschnitt bei etwa der Hälfte der heutigen Lebenserwartung. Es war durchaus wahrscheinlich, dass er die Beziehung beendete. Tödliche Seuchen, Kindbettfieber, Unfälle, Infektionen, Krieg und Krebs: Nichts war vermeidbar, viel weniger heilbar als heute. Mit zwanzig wurde (spätestens) geheiratet, kurze Zeit und wenige Geburten später konnte alles vorbei sein. (Im Frühmittelalter war das, wie im Abschnitt »Geschichte« dargelegt, anders. Es gab Eheformen wie die Friedelehe, bei der das Heiratsalter höher lag. Die Friedelehe war auflösbar – von beiden Eheleuten.)

In diesem Fall war der Tod in der Tat eine Bedrohung. Heute wird mit Anfang oder Mitte 30 geheiratet, nach erfüllten Jahren voll von wechselnden Sexpartnern, Abenteuern, Urlauben, Ausbildungen. Die medizinische Versorgung ist erstklassig. Die Menschen werden im Schnitt um die 80 Jahre alt.

Ein Eheversprechen gilt also für etwa 50 Jahre. Wir erinnern uns:

---

24 Von Weizsäcker, Beatrice: »Ist da jemand? – Gott und meine Zweifel«, Piper, München, 2014, S. 52.

Eine Ehe hält im Durchschnitt 14 Jahre. Hier besteht ein Missverhältnis, das Heiratswillige übersehen. Übersehen wollen. Müssen.

Denn:

Wozu sollte man tatsächlich heiraten oder sich an einen Menschen exklusiv für immer binden? Was sollte erwachsene Menschen daran hindern, in der Ehe genauso weiter zu lieben, erotisch aktiv zu sein, verschiedene Partner zu haben, wie das vorher der Fall war? Warum ist in der Ehe »Schluss mit lustig«? Warum können sie sich nicht weiter seriell neu verlieben, mit den Menschen schlafen, die das auch wollen, warum können sie nicht Urlaub oder Pause machen, wenn sie vorübergehend ausgeliebt haben? Das sind krude Ideen? So geht das nicht? Stimmt: Wo kämen wir da hin?

Die Drohkulisse, die alles moralisch absichert, heißt Tod. Auf nichts Höheres kann man schwören als auf das Leben, nichts ist vernichtender als der Tod. Doch alle, die heiraten, wissen, dass nicht der Tod die wahrscheinlichste Sollbruchstelle in dieser Beziehung sein wird, sondern der Betrug. Was sonst sollte gewaltsam die Ehe brechen als der Ehebruch? Da sich Menschen unseres Kulturkreises freiwillig für den anderen entscheiden, ihn weder existentiell brauchen noch in allen Fällen von ihm abhängig sind, gibt es kein anderes Instrument, das einer solch freiwillig geschlossenen Verbindung den Garaus machen könnte.

Ersetzt man also »bis dass der Tod euch scheidet« durch »bis dass die Untreue euch scheidet«, entsteht eine wunderbar sichtbare Sollbruchstelle, ein durchaus nicht unrealistisches Szenario, an dem die Beziehung in die tödliche Krise geraten **muss**. Dieses Szenario ist so wahrscheinlich, dass es Angst macht und erlaubt, die Beziehung ohne weiteres Federlesens und in gutem Gewissen (für den Betrogenen) auf der Stelle zu beenden. Die Logik geht so:

Wir haben eine freiwillig geschlossene Liebesbeziehung.

- **Betrug ist ein Zeichen dafür, dass die Liebe fehlt.**

- **Eine Liebesbeziehung ohne Liebe macht keinen Sinn.**
- **Die Beziehung ist vorbei.**

Doch diese Logik ist schief. Denn die allermeisten Paare haben wesentlich mehr gemeinsam als die romantische Liebe, und nicht wenige von ihnen haben sehr viel mehr Freundschaft, Partnerschaft, Elternschaft, Gewohnheit und Bindung als Verliebtheit füreinander. Das alles zählt aber leider nicht gegen den Stich »Untreue«, und nicht wenige Paare werfen ihre Beziehung resigniert in den Müll, weil sie glauben, sie könne nichts mehr wert sein, weil das Stigma der Untreue sie verschandelt und unbrauchbar macht. Dabei spielt auch die Scham eine Rolle. Die scheinbar treue Beziehung war wohl doch nicht so glänzend, wie man der Umwelt vorspielen wollte, man hat im Privaten versagt. Nichts davon spiegelt aber die Realität von Paaren wider. Wenn es eine sichere Erkenntnis in Sachen Liebe gibt, dann die, dass sie erstens weit weniger privat ist, als wir das gemeinhin annehmen, und zweitens, dass sie unterschiedlichsten Gesetzen gehorcht. Die Sollbruchstelle zu finden und die brüchige Stelle durch Vertrauen und Offenheit zu ersetzen, um der Untreue die Macht über die Liebe zu nehmen, dazu soll dieses Buch beitragen.

Eine gute Information bedeutet nicht nur einen Schritt weiterkommen, sondern schon den halben Weg hinter sich haben.

Moraltheologie: Sünde, Laster, Buße

Untreue muss nicht zur Trennung führen, wenn Partner sich darüber klar werden, wie der Seitensprung in der spirituellen Dimension ihrer Beziehung wirkt. Wer diese Dimension klar sehen kann, wird die Untreue nicht mehr als übermächtigen Gegner sehen.

Wir leben, obwohl man das immer weniger im Alltag spürt, in einer christlich geprägten Kultur. Unser Kalender ist von christlichen Feiertagen geprägt, christliche Symbole umgeben uns, wichtige Familienfeiern werden vom Kirchgang begleitet. Weihnachten ist der größte Umsatzmotor für die Wirtschaft, die Schulkinder (auch in den Schulen, die überwiegend von Kindern anderer Religionszugehörigkeit besucht werden) bekommen Oster- und Pfingstferien. (Schätzwerte über den Bekanntheitsgrad der Bedeutung des Pfingstfestes werden gerne entgegengenommen.) Christliche Werte wie Nächstenliebe, Barmherzigkeit und Vergebung stehen hoch im Kurs. Sie sind heute wichtiger denn je, um den Schwächeren in der Gesellschaft Sicherheit vor der Gier und der Ignoranz weniger Ellbogenmenschen zu gewähren.

Gleichzeitig breitet sich eine Gleichgültigkeit der Kirche gegenüber aus, die zur scharenweisen Abwanderung von Gläubigen führt. Der restriktive Umgang mit Homosexualität, das Zölibat und in letzter Zeit auch Missbrauchsfälle sind einige der größten Kritikpunkte an der Kirche als Institution. Alle diese Themen haben mit dem Umgang mit den eigenen Trieben und der Offenheit dem Thema Sexualität gegenüber zu tun. Hier bietet die Kirche nicht die Lösungen an, die Gläubige brauchen. Auf der einen Seite fehlen Offenheit und Konsequenz, beispielsweise in der Verfolgung von Priestern, die sich an Kindern vergreifen; auf der anderen Seite werden Menschen ihrer Sexualität wegen von Sakramenten ausgeschlossen. Den Priestern die Ehe zu verbieten, ist seit jeher umstritten, und dass Frauen das Priesteramt nicht bekleiden dürfen, obwohl sie gern zur Erneuerung und Belebung der Kirche beitrügen, erscheint vielen nicht mehr zeitgemäß. Die Überwindung leidenschaftlicher Liebe schwebt als Dogma noch immer durch die Gottesdienste und Beratungsgespräche. Der Mensch, so der Tenor, sei nichts. Seine Gefühle, Antriebe und Gelüste seien per se zu vernachlässigen, und nur durch den Eintritt in den Kreislauf des Lebens, durch die Aufgabe des eigenen Selbst, habe er die Chance, irgendeinen Sinn aus seiner Lebenszeit zu machen. Wer sich da mit »ja, aber, ich wollte doch …« aufhält, verschwendet seine Zeit. Die Sichtweise, der Mensch gelänge durch Selbstaufgabe und Verschmelzung in ätherischer Liebe in den Kreislauf von Tod und Auferstehung, ist für Menschen, die sich nicht tagtäglich dem Bibelstudium widmen, höchst abstrakt. Angesichts solcher hochtrabender Ansprüche gäbe es keinerlei irdischen Grund, eine Verbindung mit dem Partner aufzulösen. Allerdings käme dann auch niemand auf die Idee, Sex mit der Kollegin zu wollen. Kurz gesagt: Theorie interessant, Praxis unmöglich.

Wenn man keine Ahnung hat …

Man könnte salopp formulieren, dass die Kirchen offenbar nicht besonders viel Ahnung von der erotischen Liebe zwischen Menschen haben und sich aus Zweierbeziehungen auch heraushalten könnten. Doch eben genau das geschieht nicht. Im Gegenteil: Die Kirchen als Erteilungsmacht von Gottes Segen und als Begleiter durch die Biographie von Familien reden ein deutliches Wort mit, wenn es um die Art und Weise geht, mit der Paare ihre Beziehung leben. Sie sind im Wandel; viele Geistliche und Mitarbeiter in Beratungs- und Hilfsorganisationen lassen hoffen, dass der gesunde Menschenverstand sich im Klerus durchsetzt. Die Kirchen vertreten auch heute noch überwiegend eine Auffassung von guter Liebe, die sich mit den meisten Beziehungen leider nicht zu vertragen scheint. »Selbstlos« solle die Liebe sein, die Partner miteinander teilen. Selbstlos und im optimalen Fall verschmolzen, da Gott wünsche, die Menschen würden sich ihm in der Verschmelzung nähern. Da kommt die Ehe als Gewand der romantischen Liebe gerade recht, die der Sexualität, der Liebe, den Trieben und der Erotik eine kuschelige, aber hermetische Verpackung aus Verschmelzung verpasst und in der nicht sein kann, was nicht sein darf. Körperliche Liebe zum Selbstzweck und Vergnügen beispielsweise darf nicht sein. Sie muss, um sich selbst zu legitimieren, immer auch seelisch sein. Eine Vereinigung in Geist und Seele ist das oberste anzustrebende Ziel. Natürlich degradiert dieser Anspruch alle anderen Formen zur Unzulässigkeit. Einfach nur »geil« aufeinander zu sein, ist nicht gestattet. Mit dem Partner zu schlafen, nur um seine Ruhe zu haben, ebenso wenig. Von Praktiken wie BDSM oder anderen sexuellen Techniken muss man hier erst gar nicht anfangen. Verschmolzen soll es sein, inniglich – und fruchtbar, wenn möglich. Die Partner sollen einander dienen, sich der Befriedigung des anderen als Lebenszweck verschreiben. Den anderen glücklich zu machen, ist die Lebensaufgabe. Und wehe, der andere wird nicht glücklich!

Selber schuld?

Insofern scheint eine gescheiterte Liebesbeziehung genauso wie das Unglück der Beteiligten immer die Schuld des einen oder der beiden, die bei der Erfüllung ihrer von Gott übertragenen Aufgabe versagt haben. Niemand sonst außer den beiden hat ja in der hermetischen Verpackung Platz. Also ist alles Wohl und Wehe in die Hände der Partner gelegt. Verantwortung für die Glückseligkeit in der Beziehung greift nach den Liebenden. Daran gilt es zu arbeiten. Wer nicht glücklich ist, hat eben nicht hart genug gearbeitet. Unzufriedenheit ist Charakterschwäche. Scheidung und Trennung sind Zeichen von Versagen und Trägheit. Kommt noch der Ehebruch hinzu, muss der Sünder schon zwei Todsünden mit sich herumtragen. Doch Trennung ist für die Kirche selbstverständlich auch keine Lösung, auch heute noch nicht. Der folgende Text stammt tatsächlich von 1998. Der Autor ist Leiter der katholischen Ehe- und Familienberatungsstelle in Hagen in Westfalen.

»Beziehungs- und Interaktionsstörungen in der Ehe veranlassen viele Menschen, deren Lösungen in einer Trennung und Scheidung zu sehen. Die Folgen einer solchen Problemlösung sind allerdings nachgewiesenermaßen höchst bedenklich: Depressionen, schwere Stresstraumata, Suizidgedanken und Suizidversuche oder psychosomatische Krankheiten wie Schlafstörungen, Herz- und Magenbeschwerden. Ja, allein die Tatsache, einer Trennung oder Scheidung ausgesetzt zu sein, kann für die Betroffenen zu einer solchen Belastung werden, dass dies zu einer deutlich geringeren Lebenserwartung führt.«[25] Wer sich und dem Partner so etwas antut, macht sich fast der fahrlässigen Tötung schuldig. Noch deutlicher kann man den Ersatz der Drohkulisse »Tod«

---

25 Sanders, Rudolf: »Zwei sind ihres Glückes Schmied«, Junfermann, Paderborn, 1998.

durch »Trennung« nicht machen. Wer unzufrieden oder untreu ist, wird in jedem anzunehmenden Fall zur unglücklichen Figur, denn mit der Trennung setzt er sich und seine Familie tödlichen Gefahren aus.

Obwohl die neuere Theologie eine veränderte Definition von »Schuld« und »Sünde« anbietet, verharren wir noch immer in den bestrafenden, dämonisierenden Begrifflichkeiten, die wir in der Kirche zumeist nicht einmal mehr selbst hören mussten (weil die meisten von uns gar nicht dort waren). Sünde lockt und macht Freude, Schuld verdient Strafe, so erklären wir die Begriffe. Dabei ist sogar die Kirche inzwischen weiter und definiert etwas hoffnungsvoller den Versuch als Sünde, sich von Gott abzuwenden und selbst für Ordnung in der Welt sorgen zu wollen. Schuld wird als eingestandener Fehler, der durch Vergebung einen Sinn erhält, definiert. Auf das Thema Partnerschaft übertragen, soll hier erneut Beatrice von Weizsäcker zitiert werden.

»Gott muss uns nicht vergeben. Er braucht unser Flehen nicht. Wir sind es, die es brauchen. Unsere Bitte an Gott, uns zu vergeben, ist letztlich nichts anderes als die Bitte, uns dabei zu helfen, unser schlechtes Gewissen loszuwerden und uns selbst zu verzeihen, unser reines Herz wiederzufinden. Ein reines Herz bekommen wir nur durch uns selbst. Wenn wir ehrlich zu uns sind, unsere Fehler bei uns suchen und zu ihnen stehen. Ein Fehler wird nicht dadurch zum ›Nichtfehler‹, dass wir beten. Ein Fehler wird zum ›Nichtfehler‹, wenn wir ihn erkennen und abstellen. Dann ist unser Herz wieder rein – wenn natürlich auch nicht gefeit vor neuen Fehlern. Ein Gebet dient zwar immer der Suche nach Gott und der Bitte um Hilfe. Es dient aber auch der Selbstvergewisserung, der Selbstläuterung, wenn man so will. Es dient nicht Gott, sondern uns. Wenn es stimmt, dass Gott uns nimmt, wie wir sind, müssen wir ihn auch nicht um Vergebung bitten. Da sind wir selbst gefragt. Denn wir sind es, die andere verdammen, andere kränken, die in ›Versuchung‹ geraten, die ›Böses‹ tun. Die ›schuldig‹ werden und ›Vergebung‹ brauchen, um in der Sprache des Vaterunsers zu bleiben. So wenig wir das Böse in der Welt und in uns auf Gott abwälzen können, so wenig können wir ihm die Vergebung aufbürden. Ein Gott, der weiß, was wir benötigen, noch ehe wir ihn darum bitten, der weiß auch, dass wir Vergebung brauchen.«[26]

Untreue muss nicht zur Trennung führen, wenn ein Fehler eingesehen und vergeben wird. Wenn ein fehlerhaftes Verhalten wie die Lüge abgestellt wird, können Verzeihen und Veränderung folgen.

Ein Satz aus dieser Passage wirkt so, als sei er für unser Thema geschrieben worden. Ein Fehler wird zum »Nichtfehler«, wenn wir ihn erkennen und abstellen. Dann ist unser Herz wieder rein – wenn natürlich auch nicht gefeit vor neuen Fehlern. Den Partner ohne sein Wissen und ohne die Möglichkeit des Vetos mit einem anderen Menschen zu hintergehen, ist sicherlich etwas, das Beatrice von Weizsäcker als »Fehler« bezeichnen würde, und die Definitionen in diesem Buch unterstützen das. Ein Fehler ist ein Fehler und bleibt ein Fehler. Das passiert, wir alle machen uns schuldig, machen nahezu unverzeihliche Fehler, derer wir uns manchmal bis ans Lebensende schämen. Der begangene Fehler wird aber nicht dadurch zum Nichtfehler, dass man Besserung gelobt und sich in Zukunft vor Situationen hütet, in denen dieser Fehler passieren könnte. Der Fehler wird dadurch zum Nichtfehler, wenn man ihn erkennt und abstellt. Nichts anderes möchte dieses Buch vermitteln. Erkennen, dass die Heimlichkeit ein Fehler war, und die lauernde Gefahr für den Betrogenen abstellen, der seither in Unsicherheit lebt. Diese Unsicherheit ist die Schuld, die der Betrügende auf sich geladen hat. Er hat dem Partner den Seelenfrieden geraubt, auch wenn dieser auf tönernen Füßen stand oder gar eine Illusion war. Für den anderen war es Seelenfrieden, punktum. Es war eine schlechte Idee, einfach zu machen, ohne vorher zu denken, oder noch interessanter: obwohl man vorher alle Möglichkeiten abgewägt hat. Doch, wie kommt der Fehler aus der Welt, wie nimmt man das Messer aus der Wunde? Da niemand

26 Von Weizsäcker, Beatrice: »Ist da jemand – Gott und meine Zweifel«, Piper, München, 2014, S. 117.

für alle Zeiten versprechen kann, einen Fehler nicht zu wiederholen, nutzt das Versprechen nichts. Es muss sichergestellt werden, dass der Schock, der Unglaube und das erschütterte Vertrauen niemandem je wieder den Boden unter den Füßen wegziehen wird. Es muss ein Versprechen her, sich künftig über für den Partner interessante Regungen zu informieren. Das ist natürlich nicht einfach. Aber redlich.

Eskalation als Katharsis? Hölle und Fegefeuer für die Sünder

Untreue muss nicht zur Trennung führen, wenn Betrogene gewaltfrei bleiben.

Ein Seitensprung lässt betrogene Menschen oftmals im ersten Moment buchstäblich regredieren. Reflektierte, im Beruf und der Familie beherrschte Wesen verlieren im Augenblick der Wahrheit vollends die Kontrolle, erstarren zur sprachlosen Salzsäule oder werden zu tobenden Furien. Wer angesichts der Kränkung den Partner ohne Federlesens im Heulkrampf vor die Tür setzt, seine Kleidung verbrennt, die Partnerin mit »Hure« oder »Schlampe« tituliert, den am Vortag noch geliebten Mann »Dreckschwein« und »Mistkerl« nennt und an den Haaren durchs Haus zerrt, wer schreit, tobt und straft, reagiert auf das belastende Ereignis auf eine Weise, die mit »destruktiv und irreversibel« noch recht mild beschrieben ist. Konstruktive oder zumindest überhaupt irgendeine Art von nennenswerter Kommunikation ist manchen Menschen angesichts einer aufgedeckten Untreue des Partners unmöglich und unvorstellbar. Oft vom ersten Tag der Beziehung an ist in vielen Partnerschaften das Thema »was tun, wenn man jemand anderen …« ein unaussprechliches. Durch die hauptsächlich amerikanische Ratgeberliteratur ist diese gewaltvolle Art des Umgangs mit dem männlichen Seitensprung salonfähig geworden. In einer Art läuternden Gewaltrausches ist das Zerstören und Verbannen scheinbar zu einer Art des »acting out« geworden, das zur Bestrafungszeremonie gehört. Ob es den Betroffenen hilft oder durch den Kontrollverlust eher noch mehr Scham erzeugt, ist vermutlich persönlichkeitsabhängig.

»Berechtigte Interessen«: Interview Patrick Kurtz

Patrick Kurtz ist Chef einer bundesweit arbeitenden Detektei mit Betriebsstellen in allen Bundesländern. Ein Schwerpunkt seiner Arbeit ist neben Wirtschaftskriminalität auch das Aufspüren von untreuen oder vermeintlich untreuen Ehepartnern. Für seine Arbeit interessieren sich einschlägige Reality-Doku-Macher von privaten Fernsehsendern ebenso wie seriöse Tageszeitungen. Seine Interview-Liste ist lang. Wir führen das Gespräch telefonisch, er ist gerade in Leipzig unterwegs.

S. K.: Gibt es Geschlechterunterschiede im Grad des Misstrauens? Oder anders gefragt: Wer engagiert Sie häufiger – Männer oder Frauen?

P. K.: Ich würde sagen, das ist ziemlich genau ausgewogen, 50 / 50. Im Allgemeinen heißt es ja, dass Männer eher untreu seien, sodass Frauen uns häufiger zu Untreueobservationen beauftragen müssten, aber in der Praxis haben wir festgestellt, dass das nicht der Fall ist. Man kann auch in den Erfolgsquoten keine wirklichen Unterschiede festmachen.

S. K.: Ich habe auch inzwischen den Eindruck, dass der Mythos, dass Männer untreuer seien als Frauen, nicht so ganz stimmt.

P. K.: Das kann eigentlich ja auch nicht funktionieren. Wenn man sich die Menge der anteiligen Männer und Frauen anschaut, sieht man, dass zur Untreue immer zwei gehören. Das geht in der Gesamtrechnung dann nicht ganz auf.

S. K.: Wie lang haben die Kunden schon den Verdacht, dass der andere fremdgeht, bevor sie auf Ihre Dienste zurückgreifen?

P. K.: Das ist ganz unterschiedlich. Es kommt auch darauf an, ob man einen konkreten Verdachtsmoment hat, aufgrund dessen man uns beauftragt. Das heißt zum Beispiel: Wenn der Ehemann nach Hause kam und hatte auffälligen Lippenstift an der Kleidung oder »roch nach einer anderen Frau«, kann das ein ganz konkreter Anlass sein, uns spontan zu beauftragen. In anderen Fällen ist es aber so, dass es einen längeren Prozess gegeben hat, dass sich etwas entwickelt, dass man das Gefühl hat, man lebt sich auseinander. Es gibt verschiedene Punkte, die einem merkwürdig erscheinen: wenn der Partner Verhaltensänderungen zeigt, wenn er sich vielleicht anders kleidet oder wenn plötzlich mehr Wert aufs Äußere gelegt, vielleicht auch mehr Sport gemacht wird. Dass heimlich und unbeobachtet vom Partner ans Handy gegangen wird, ist auch so ein Beispiel. Solche kleinen Beobachtungen können sich dann zu einem Gesamtbild zusammenfügen, das man zum Anlass nimmt, einen Detektiv zu engagieren.

S. K.: Wie hoch ist Ihre Trefferquote?

P. K.: Wenn wir ein angemessenes Budget bekommen, sodass wir wenigstens ein paar Tage observieren können, dann etwa bei 75 % der Fälle. Unser Problem ist, dass die Leute oft sagen: »Wir gucken jetzt ein einziges Mal und bezahlen jetzt einmal solch einen Einsatz«, und wenn dann gerade in dieser Zeitspanne von oft nur wenigen Stunden nichts passiert, dann wird der Sache nicht weiter nachgegangen. Da ist es dann für mich schwer zu sagen: »Der Verdacht hat sich nicht bestätigt« bzw. »Die Person ist nicht untreu gewesen«, weil man es einfach nur über einen viel zu kurzen Zeitraum beobachtet hat.

S. K.: Dann hat der Fremdgänger einfach Glück gehabt, wenn er eben zu der Zeit nicht erwischt worden ist.

P. K.: Das könnte man dann so sagen.

S. K.: Wo treffen sich Fremdgänger am häufigsten? Wo sammeln Sie die Beweise? Sind das wirklich hauptsächlich Hotels?

P. K.: Was in Hotelzimmern passiert, gehört natürlich zum höchstpersönlich geschützten Lebensbereich. Darauf haben wir überhaupt keinen Zugriff. Schon allein datenschutzrechtlich haben wir da keine Befugnisse. Dementsprechend können wir nur beobachten, wenn die Personen zusammen ins Hotel hineingehen, was ja auch schon ein starkes

Indiz sein kann. Gegebenenfalls sind beide sogar dem Auftraggeber bekannt, also nicht nur der Partner, sondern auch noch derjenige, mit dem der Seitensprung oder die Affäre gelebt wird, dann ist die Sache schon ziemlich deutlich. In vielen anderen Fällen ist es aber so, dass wir die Zielperson auch auf der Straße beobachten, dass wir zum Beispiel sehen, wie der Mann die Frau abholt oder wie sie sich nach dem Restaurantbesuch verabschieden, wie sie zusammengesessen haben; solche Dinge sind viel häufiger, und dabei lässt sich natürlich auch beobachten, ob Zärtlichkeiten ausgetauscht werden. Wichtig sind immer die Begrüßung und Verabschiedung, weil man daran sehen kann, wie die Personen zueinander stehen, wobei manche Personen in der Öffentlichkeit eher diskret sind, wenn sie ihre Partner betrügen.

S. K.: Sie haben sicher schon ein feines Gespür dafür, welche Gesten verräterisch sind, die andere Leute vielleicht gar nicht sehen würden, oder?

P. K.: Das mag sein, aber: Wir dürfen nie interpretieren. Wir beobachten, wir interpretieren nicht. Wir dokumentieren letzten Endes nur: »Es hat ein Kuss auf den Mund stattgefunden«, »Es hat eine Umarmung stattgefunden« etc. Wir würden nicht sagen: »Es wirkte so, als wären die beiden extrem vertraut miteinander.« Das müssen wir dann schon konkreter belegen.

S. K.: Was glauben Sie, haben die Auftraggeber für Motive? Geht es darum zu beweisen: »Der oder die will mich materiell über den Tisch ziehen«, oder sind es wirklich heiße Emotionen wie Eifersucht, die dazu führen, dass Sie beauftragt werden?

P. K.: Im Allgemeinen hinterfragen wir das nicht. Das sehe ich nicht als unsere Aufgabe an. Es geht nur darum, ein berechtigtes Interesse nachzuweisen, bevor Ermittlungen aufgenommen werden dürfen. Wir greifen ja in das Persönlichkeitsrecht der Zielperson ein, und dieser Eingriff muss gerechtfertigt sein. Das nennt der Gesetzgeber dann »berechtigtes Interesse«. Das Interesse ist insofern berechtigt, als man ja in einer Gütergemeinschaft lebt, in einer Lebensgemeinschaft mit einer anderen Person, in der man ja nun mal irgendwann wissen muss:

»Wie geht es weiter mit meinem Leben? Wie geht es weiter mit meinen Vermögensgütern, wie geht es weiter mit meinen Lebensumständen?« Das rechtfertigt das Interesse. Schon bei einer Lebenspartnerschaft – und bei einer Ehe sowieso.

S. K.: Wie reagieren die Ertappten typischerweise?

P. K.: Das wissen wir meistens nicht. Wir führen die Ermittlungen zu Ende, dann bekommt der Auftraggeber den Bericht, vorher nicht. So bekommen unsere Auftraggeber die Möglichkeit, dem Partner entweder diesen Bericht zu zeigen oder eben etwas anderes zu machen. Es will auch nicht jeder den Partner damit konfrontieren. Manche entscheiden sich dazu, erst einmal nichts zu tun, selbst wenn der Betrug nachgewiesen worden ist, und das weiter zu beobachten und »die Füße still zu halten«. Ich weiß nicht, ob das eine Art von Einschüchterung ist oder Angst davor, dass sich das eigene Leben einschneidend verändern könnte, auf jeden Fall macht es nicht jeder. Wir sind zwar immer froh, wenn sich Klienten im Nachhinein noch melden und erzählen, wie es weitergegangen ist, aber wir fragen da nicht aktiv nach.

S. K.: Würden Sie sagen, dass es typische Fremdgänger gibt? Und wenn ja: Welche Eigenschaften haben diese?

P. K.: Da gibt es schon eine Tendenz, aber die ist verfälscht, weil wir natürlich Kosten verursachen, die nicht ganz unerheblich sind. Dementsprechend können uns sowieso nur etwas wohlhabendere Leute beauftragen. Man muss schon ein geregeltes Einkommen haben, um uns bezahlen zu können, und dementsprechend ist es wahrscheinlicher, dass man das bei »älteren Semestern« antrifft, weil man da mit größerer Wahrscheinlichkeit einen gewissen Reichtum erworben hat. Mit »ältere Semester« meine ich hier die Jahre 35+, das ist so unsere Hauptklientel. Das ist aber nicht aussagekräftig, weil es nichts darüber aussagt, ob auch Studenten fremdgehen, wie sie fremdgehen und wie wichtig das dann auch in der innerstudentischen Beziehung ist. Bei jüngeren Leuten ist es wohl auch eher üblich, dass man sich auch mal einen Fehltritt verzeiht oder das sowieso schon lockerer gehandhabt wird als in einer verfestigten Beziehung, wenn man älter ist.

S. K.: Spielt bei den älteren Semestern Materielles eine größere Rolle, weil man ja bereits gewissen Wohlstand angehäuft hat und man sagt: »Darüber möchte ich einfach Gewissheit haben?«

P. K.: Ganz spontan würde ich sagen, dass es grundsätzlich schon eher um das Emotionale geht. Wenn es dann schon so weit ist, dass man sich hauptsächlich Gedanken um das Materielle macht, ist der Gedanke im Kopf vielleicht schon fix, dass man die Trennung herbeiführen und nur noch Beweise sammeln möchte. Die sollen einem dann nur Argumente liefern, die im Unterhaltsstreit weiterhelfen könnten.

Herr Kurtz, ich danke Ihnen für das Gespräch.

Untreue ist Voldemort – dessen Namen nicht genannt werden darf

Paare sind in der Lage, über die unterschiedlichsten Dinge in allen Details zu reden. Sie können hohe finanzielle Verantwortung übernehmen, sich auf den Namen der Kinder einigen, deren Erziehung koordinieren und den Kontakt mit der Herkunftsfamilie gestalten. Sie können sich auf eine gewisse Form der Paarsexualität einigen und den Lebensmittelpunkt der Familie definieren. Sie können die Berufstätigkeiten und Einkommen der Partner besprechen und vieles mehr. Doch beim Thema »Untreue« hört diese sprachliche Kompetenz oft auf. Wie der unaussprechliche Voldemort in den Harry-Potter-Romanen dräut die Untreue von der Geburt der Beziehung an über dem Paar. Außer abstrakten Drohungen »Wenn du mich betrügst, kannst du was erleben« oder »MEINER macht so was nicht …« werden selten konkrete Konsequenzen angekündigt. Manche Paare einigen sich auf eine einigermaßen flexibel ausdehnbare Regelung von »Wenn es eine einmalige Sache war, will ich es nicht wissen« (doch wehe, es kommt dann doch heraus) oder beschwichtigen im Sinne von »Ach, darüber brauchen wir nicht zu reden, das betrifft uns nicht«.

Im »Ernstfall« aber rächt sich das Ausklammern des Themas böse. Voldemort steht mitten im Raum und jagt den Betroffenen eine nie geahnte Höllenangst ein. Nahezu stereotyp berichten mir Betroffene immer wieder vom »Fall in ein tiefes Loch«, von »Schock« und »Unglauben« und »Erschütterung«. Das Gefühl »der Boden werde unter den Füßen weggezogen« ist in der paartherapeutischen Praxis eine der häufigsten Aussagen bei der Frage nach der Befindlichkeit nach einem Seitensprung. Die Frage, ob die gesamte Beziehung als Boden unter den Füßen aus sexueller Exklusivität bestehen kann, scheint berechtigt.

Ohne deine Treue bin ich nicht mehr ich

Insbesondere in amerikanischen Publikationen wird immer wieder beschrieben, wie besonders Frauen unter dem Seitensprung des Mannes geradezu zusammenbrechen, panische Reaktionen zeigen und den Sinn ihres gesamten Lebens anzweifeln. Sie berichten davon, dass das Ausspionieren des Ehepartners manische Züge annehmen könne, dass die Frauen drastisch an Gewicht verlieren würden, dass sie in stationäre psychiatrische Behandlung müssten oder die Kinder nicht mehr versorgen könnten. Anzeichen einer Depression gelten als durchaus übliche Begleiterscheinung des aufgedeckten Seitensprungs. In Pamela Druckermans Buch »Fremdgehen – Die Regeln des Seitensprungs in aller Welt«[27] wird der Fall eines Paares beschrieben, das im »Bible Belt«[28] der USA lebt. Die Mittfünfzigerin April hat ihren Mann vor längerer Zeit einmal mit einem Kollegen betrogen und damit unkontrollierte

27 Pamela Druckerman, ebd., S. 19 f.

28 Mit Bible Belt (englisch für Bibelgürtel) wird eine Gegend in den USA bezeichnet, in der evangelikaler Protestantismus ein integraler Bestandteil der Kultur ist. Dieses Gebiet erstreckt sich größtenteils über die Südstaaten der Vereinigten Staaten von Amerika. Das Gebiet ist nicht exakt begrenzt, zieht sich aber von Texas im Südwesten und Kansas im Nordwesten bis Virginia im Nordosten und Florida im Südosten.

Anfälle von Eifersucht und Kontrollwahn bei ihrem Mann Kevin ausgelöst. Im Interview sprechen Kevin und April von ihren Reaktionen. Sie korrigieren sich gegenseitig, was die zeitliche Abfolge der Ereignisse angeht. Ob er, Kevin, den Tag meint, als er Aprils Handy zerstört habe? »Nein, Kevin meint den Tag, an dem er eines ihrer gerahmten Fotos mit einem Kassettenrekorder traktierte, der zufällig in Reichweite stand. Ich saß da oben und schrie mir die Lunge aus dem Hals. Sätze wie ›Ich hasse dich, du elende Schlampe, du verdammte‹. Ich schrie und tobte und schlug auf das Bild ein. Es war genau an derselben Stelle in jenem Zimmer im zweiten Stock, in dem Kevin seine Modellflugzeuge aufbewahrt, wo er einmal stundenlang mit der Pistole an der Schläfe dasaß, während April ihn anflehte, die Waffe herunterzunehmen.« Solches Verhalten über einen längeren Zeitraum hinweg darf durchaus als »auffällig« bezeichnet werden.

All das gilt aber als relativ »normale«, »nachvollziehbare« Reaktion auf sexuelle Untreue. Ausrasten und durchdrehen inklusive. Da Ratgeberliteratur sich in aller Regel an weibliche Leserschaft richtet, wird der Fokus auf den »Täter«, hier aber in der Regel vom weiblichen Blick bestimmt. »Während sie auf seine Heimkehr wartete, fällte sie in ihrer rasenden Wut die einzige klare Entscheidung. Er war kaum durch die Tür getreten, als sie ihn auch schon rausgeworfen hatte. Erst seine Kleidung, seinen Laptop, sein iPhone und dann ihn selbst. »Jetzt kannst du im Hotel übernachten und dir jemand anderen zum Ausnutzen suchen, du Scheißkerl!«, zitiert Mira Kirshenbaum eine Klientin in einem ihrer erfolgreichen Ratgeber[29].

29 Kirshenbaum, Mira: »Ich will dir trauen – aber wie? So finden Liebende zu neuem Vertrauen«, Krüger / Fischer, Frankfurt am Main 2012, S. 8.

Der Gewissensboss ist eine Frau

Die beschriebenen untreuen Männer werden als hilflos, verzweifelt, ohnmächtig und reumütig beschrieben, immer darauf aus, das Delikt ungeschehen zu machen und alles wieder in die vorher bestehende Ordnung zu bringen, was von den Frauen (natürlich?) lange Zeit abgelehnt wird. Sie sind die Gewissensbosse, die durch Gewissensbisse beim Mann ihre eigene Verletztheit zu kurieren versuchen, die Enttäuschung überwinden wollen, dass sie es nicht geschafft haben mit dem ewigen Glück. Sie sind in der Literatur diejenigen, die »nicht mehr vertrauen« können, sich nicht mehr öffnen können, eine Wunde fürs Leben geschlagen bekamen. Manche schicken ihre untreuen Männer in Selbsthilfegruppen, in denen sie versuchen, ihr Fehlverhalten im Kreis anderer Schuldiger abzutrainieren. Nach dem Vorbild der anonymen Alkoholiker oder anderer Selbsthilfegruppen versuchen Männer auf diese Weise, den Pfad der Tugend wieder zu finden. »Hallo, ich bin Jeff, und ich bin ein Betrüger.« »Hallo Jeff!« Doch ist hier wirklich der Glaube an den Mann und Partner erschüttert oder das Urvertrauen in die Institution »romantische Zweierbeziehung«, die doch als Heilsbringerin und Garantin für immerwährendes Glück eben genau den Schutz vor dem versprochen hat, was allen anderen passiert, aber nicht uns? Der Partner erhält mangels alternativer Verantwortlicher die Strafe dafür, dass beide mitsamt ihrem Umfeld die Augen vor den Zahlen und den Realitäten verschlossen hatten.

Die Regression in der Krise ist die traurige Konsequenz der Unfähigkeit beider Beteiligter, eigene Befindlichkeiten und Bedürfnisse angemessen und zeitig zu kommunizieren, und spiegelt eine gewisse Inkompetenz in emotionaler Interaktion und Kommunikation wider.

Exkurs:

Den Partner wissentlich zu belügen ist unrecht und soll nicht verharmlost werden. Moralisch ist die Lüge per se abzulehnen, es sei denn, sie rettet Leben. Auch soll dem mit der Wahrheit konfrontierten Partner nicht seine Überreaktion angekreidet werden. Eifersucht ist schrecklich und sehr schwer auszuhalten. Doch auch das Ausrasten und das Hinauswerfen des Partners, der sich möglicherweise sonst als tadelloser Gatte oder perfekte Ehefrau verhält, ist ein Narrativ. Diese Reaktion wird uns auch durch die Medien angeboten. Sie ist legitimiert. In früheren Herrenwitzen wartete die Dame des Hauses auf den rückkehrenden Fremdgänger mit der erhobenen Bratpfanne hinter der Haustür (ältere LeserInnen erinnern sich), heute fliegen teure Elektrogeräte aus dem Fenster. Auf diese Idee muss man erst einmal kommen, wenn man die Reaktion nicht schon einmal z. B. im TV gesehen hat.

> Untreue muss nicht zur Trennung führen, wenn Paare anfangen, darüber zu sprechen, was Begriffe wie Moral und Anstand für sie konkret bedeuten.

Was ist denn eigentlich richtig?

Paare haben es nie gelernt, auf die einigermaßen erwartbare Situation des Seitensprungs zu reagieren. Wenn über 40 % (die Dunkelziffer spricht sogar von 70 %) der Menschen in Zweierbeziehungen irgendwann zumindest einmal fremdgehen, dann ist nahezu jedes Paar früher oder später davon betroffen. Dennoch (oder deswegen?) gibt es keinen sprachlichen Boden, dieses Thema zu besprechen. Es wird tabuisiert, weil es Angst macht. Weil die Beteiligten glauben, damit nicht umgehen zu können, zu klein, zu hilflos für die Wucht des Themas zu sein. Das Unbegreifliche macht Angst und lähmt. Menschen versuchen auf verschiedene Weisen, diese Angst zu zügeln und im eigenen und kollektiven Gefühlswirrwarr für Ordnung zu sorgen – oftmals vergeblich. Diese Möglichkeiten könnte man so skizzieren:

1. **Tabu:** Ein Thema, über das niemand offen spricht, auf das aber viele Menschen Lust haben oder das sie nicht kontrollieren können. Die

tabuisierte Handlung verbreitet Angst. Das Tabu schützt vor der eigenen Angst. Menschen empfinden Ohnmacht und Unsicherheit dem Thema gegenüber.

2. **Verbot:** Man spricht darüber, es gibt klare Regeln, an die man sich halten muss. Die verbotene Handlung macht Angst, das Verbot beruhigt. Menschen wissen recht sicher, was verboten und was erlaubt ist, und verweisen darauf.
3. **Gebot:** Man spricht offen darüber. Die Einhaltung des Gebots ist Auslegungssache. Manche sehen es so, andere so. Die Missachtung von Geboten macht keine Angst, aber Empörung.
4. **Konvention:** Man spricht nicht darüber. »Man tut ...« bestimmte Dinge einfach oder einfach nicht. Zuwiderhandlungen sind nicht verboten, aber unerwünscht.

Tabus:

Nach der Tabu-Theorie von Ulrich Clement[30] müssen Menschen ausgesuchte Themen nur dann mit einem Tabu belegen, wenn der Mensch durch seine Triebe und dunklen Seiten Interesse daran haben könnte, eben genau diese Tätigkeit oder Aktion durchzuführen. Ansonsten wäre es kommunikabel. Das Tabu schafft ein Vakuum, in dem Schweigen herrscht. Gegen ein Verbot kann man Einspruch erheben, gegen ein Tabu aber nicht, denn es besteht aus unbestimmtem Schweigen und ängstlicher Vermeidung. Niemand würde es z. B. tabuisieren, in einer gelben Hose auf einer Boje vor Helgoland einen Papagei fliegen zu lassen und dabei »Frühling lässt sein blaues Band...« zu rezitieren. Warum nicht? Weil so wenig Menschen Lust darauf hätten, genau das zu tun. Es macht auch keine Angst. Es ist lustig und verrückt. Was niemanden anmacht, muss also nicht tabuisiert werden. Deswegen gibt es kein Bojen-Tabu, wie es z. B. ein Inzest-Tabu oder ein Gewalt-Tabu gibt. Inzest findet aber statt. Gewalt findet statt. Die dunkle Seite des

30 Clement, Ulrich: »Methoden der systemischen Sexualtherapie«, Klett-Cotta, München, 2013.

Menschen will offenbar verbotene und hässliche Dinge tun. Kulturwissenschaftler nennen das die Lust auf das »Abjekte«. »Im Gegensatz zum Objekt besitzt das Abjekt keine bestimmte, festumrissene Grenze; es stört die Klarheit jeder Grenze. In dieser Perspektive fungiert das Abjekt als Kehrseite des Subjekts, das dessen Identität unscharf werden, also dessen fragile und zufällige Struktur hervortreten lässt.«[31] Kurz gesagt erinnert uns das Abjekte also an das Schlechte und Widerwärtige, das Schwache und Brüchige in uns selbst, das wir um keinen Preis sehen und über das wir erst recht nicht reden wollen. Menschen sind eben auch zum Teil böse. Deswegen brauchen sie Tabus, um das eigene Böse in sich selbst nicht so stark zu spüren, das in der Konfrontation mit dem Bösen der anderen zum Leben erwachen könnte. Das Tabu bewirkt, dass man Inzest und Gewalt ächtet, wissend, dass es unmittelbar um uns herum (und teilweise innerhalb der eigenen persönlichen Grenzen) passiert. Auch Untreue passiert. Direkt um uns herum und manchmal auch innerhalb der eigenen persönlichen Grenzen. Weil Menschen schwach, hinterlistig und gierig, triebhaft und skrupellos, ignorant und eitel sind. Sie geschieht überall – weil viele Menschen Lust daran haben und das Abjekte suchen, sich entgegen der Moral verhalten wollen. Sobald Menschen Interesse daran haben, eine seltsame, schädliche oder mit Angst belegte Aktivität zu praktizieren, gibt es mehrere Möglichkeiten. Entweder wird diese erlaubt, geregelt, verboten oder tabuisiert. Je mehr Angst der Trieb auslöst, je mehr er das Individuum bedroht, desto drängender das Tabu.

Verbote:

Mit einer oder einem Minderjährigen Sex zu haben, ist falsch. Ja, auch das möchten viele Menschen tun, ganz egal, was man über die Folgen bereits weiß. Sex mit Minderjährigen ist aber auch verboten. Eine Seite

---

31 Pabst, Manfred: »Bild, Sprache, Subjekt: Traumtexte und Diskurseffekte bei Freud, Lacan, Derrida, Beckett und Deleuze / Guattari«, Königshausen und Neumann, Würzburg, 2014, S. 137.

des Themas »Sex mit Minderjährigen« fällt unter das Tabu. Kinder sind keine Sexualobjekte. Punkt. Menschen wenden sich instinktiv ab, wenn sie z. B. mit Details von Missbrauch konfrontiert werden. Eine andere Seite des Themas »Altersunterschied beim Sex« kommt mit einem Verbot aus. Das Verbot beginnt und endet nämlich an definierten Grenzen, die unter Umständen moralisch verhandelbar sind. Was ist ein Kind? Was ist Sex? Was ist Einvernehmlichkeit? So könnte der vom Verbot Betroffene fragen: »Was, wenn sie oder er eines Tages über 18 ist? Darf ich dann mit ihm oder ihr Sex haben?« »Was, wenn ich selbst gerade 18 geworden bin und der Sexpartner 16?« »Was, wenn der oder die Minderjährige den Sex unbedingt will?« Ein Verbot ist kommunikabel.

Verbote und Gebote sind gesellschaftliche, moralische oder juristische Handlungsanweisungen, enger oder lockerer definierte Grenzen. »Du darfst nicht ehebrechen.« »Warum denn nicht? Irgendwie anders vielleicht?« »Nächstes Jahr vielleicht?« »Ist nur sexueller Ehebruch gültig?« »Was, wenn mein Partner mir die Liebe verwehrt? Ist es dann immer noch verboten?« »Was, wenn mein Partner todkrank ist? Ist es dann immer noch verboten?« Solche Regeln könnte man also anfechten, dagegen angehen oder sie einfach ignorieren. Das genannte Verbot des Ehebruchs ist aber schon lange nicht mehr wirksam (und war es realiter nie). Es ging einher mit kirchlichen Vorstellungen von Treue und Sittlichkeit, die heute nicht mehr sinnvoll erscheinen, schon immer gewisse Einhaltungsprobleme mit sich brachten und von den allermeisten Menschen schlichtweg nicht akzeptiert werden. »Kein Sex vor der Ehe« ist ebenfalls ein gutes Beispiel dafür. »Du sollst nicht ehebrechen« ist heute mehr denn je ein Gebot denn ein Verbot.

Gebote:

Neben den Verboten und den konventionellen Vereinbarungen handeln wir nach Geboten, also nach universellen Anweisungen für das gute Leben. Sie werden von dem geleitet, was man als »gesunden Menschenverstand« nennen könnte, und werden in den Zehn Geboten sinnvoll zusammengefasst. Doch da Gebote dehnbar sind, werden die meisten heute sehr liberal ausgelegt. Dass man niemandem ohne Grund nach dem Leben trachten sollte, ist wahrscheinlich das einzige der Zehn Gebote, das die meisten Menschen noch reinen Herzens unterschreiben und einhalten würden. Anderen nicht das zu nehmen, was ihnen gehört, ist ebenfalls ein übereinstimmendes Gebot, wird aber auch schon relevant und wirksam, wenn man (als Normalverdiener) bei der Steuererklärung ein Pfund Kaffee zu viel abrechnet. Auch die anderen der Zehn Gebote wurden im Laufe der Geschichte mehr und mehr zur Auslegungssache. Gebote sind gut, aber eben sehr allgemein. Wir haben in Deutschland beispielsweise das Rechtsfahrgebot. Wer viel auf Autobahnen unterwegs ist, weiß, wie viele Auslegungsmöglichkeiten es für ebendieses Gebot gibt. Was tun, wenn die gesamte Zweierbeziehung unter dem monogamen Gebot von Exklusivität der Lust steht? Freiwillig und aus Liebe – denn Menschen in romantischen Zweierbeziehungen würden ja niemals von Zwang zur Treue sprechen. »Liebe ist, wenn Treue Spaß macht«, nicht wahr? Gilt dann nicht allein die Moral als Richtungsweiser? Umgekehrt heißt das aber auch: »Wenn Treue keinen Spaß mehr macht, dann ist es auch keine Liebe.« Wie aber soll man kommunizieren, dass Treue keinen Spaß mehr macht, wenn man dadurch die Liebe anzweifelt? Ein echtes moralisches Dilemma entsteht.

Stellen Sie sich vor, Sie sollten einkaufen gehen, doch alle Maßeinheiten, Regeln und Bedingungen, alle Produkte und Preise seien aus anderen Jahrhunderten. Es gäbe Schweineschmalz zu kaufen (mit dem Sie nichts anfangen könnten), man müsste mit Talern zahlen (die Sie nicht hätten), und Ihre Kutsche sollten Sie vor dem Laden fest anbinden. Die Regeln und Normen der romantischen Zweierbeziehung hatten zu ihrer Entstehungszeit sinnvolle Gebote, Maßeinheiten und Richtlinien. Heute ist zwar der Vorgang derselbe, aber alle Richtlinien anders. Paare stecken also in verwirrenden Uneindeutigkeiten.

Konventionen:

Die Konvention als unausgesprochene Regel sagt: »Das tut man nicht.« Man bohrt nicht in der Nase, man bleibt beim Flirten in gewissen Grenzen.« Nun kann man sich daran halten oder unkonventionell sein und darauf pfeifen. Im Falle des Seitensprungs hat das Thema zwei Ebenen. Auf moralischer Seite ist der Seitensprung nicht okay, es liegt im eigenen Ermessen, wie weit man geht. Auf juristischer Seite gibt es kein Verbot. Die Konvention nennt es aber anders. Sie müsste hier eher lauten: »Man lässt sich nicht erwischen.« Oder »man geht diskret vor«, wie es die Adeligen im 18. Jahrhundert manchmal mehr, manchmal weniger praktizierten. In dieser Grauzone haben sich viele Paare schon lange bewegt, bevor die erste Übertretung des Verbots stattfand.

Moral:

Darüber hinaus bewegen wir uns in moralischen Grenzen. Was tun, wenn da ein Thema ist, das offiziell nicht unter Verbot steht, man aber genau weiß, dass es geächtet ist? In diesem Fall greifen moralische Regeln. Lügen beispielsweise ist moralisch geächtet, Unterschlagung und Prostitution in den meisten Fällen auch. Moralische Verhaltensregeln wurzeln am tiefsten, die Scham bei Zuwiderhandlungen ist hier am größten. In ebendiesen Konflikt geraten Menschen, die, aus welchen Gründen auch immer, in die Situation geraten, eine moralische Entscheidung zu treffen. Es ist ja nicht juristisch verboten, What's-App-Nachrichten an attraktive Arbeitskolleginnen zu schreiben. Es ist nicht verboten, heftig zu flirten. Was tut man also im Zweifel? »Schreibe ich diese What's-App-Nachricht, oder lasse ich es?« »Gehe ich mit ihm oder ihr nach Hause, oder lasse ich es?« »Beichte ich, oder lasse ich es?« Was greift hier? Das Gebot, das Verbot, das Tabu oder vielleicht die nächste Kategorie, die Konvention?

Man ahnt hier, was Paare beim Thema Untreue in der Ethik straucheln lässt. Ist das Schweigen über die Untreue eine Konvention, unterliegt es einem Verbot, oder muss das jeder mit seinem Gewissen ausmachen? Und ist das Gewissen des einen großzügiger als das eines anderen?

Vom Umgang mit der moralischen Freiheit:

Die Kirche hebt den Finger, wenn es um Fremdgehen und außerpartnerschaftliche Lüste geht. »Vorsicht!«, mahnt der Finger: »Das lasst lieber sein, damit könnt ihr nicht umgehen. Ihr seid noch nicht so weit. Hört auf uns. Das wird sonst ganz, ganz übel enden!« Manche Teile der Gesellschaft aber sagen: »Come on, das bisschen Spaß muss doch sein. Willst du nicht das Kribbeln wieder spüren? Du hast ein Recht darauf!« Doch weshalb können Menschen das, was sie wollen und dürfen, sinnvoll ausbalancieren? Ist es nicht so, dass viele Dinge, die in früheren Zeiten noch undenkbar waren, über die Jahrhunderte normal und kommunikabel wurden? Und warum verheddern wir uns noch immer so oft in diesen Themen? Was macht Themen zu Tabu-Themen? Onanie war jahrhundertelang beispielsweise ein Tabu, über das in der Kirche bestenfalls mahnend getuschelt wurde. Verklausuliert und umständlich wurden Metaphern über die Folgen von Selbstschändung bemüht, die so gruselig waren, dass sie Generationen von jungen Menschen das Blut in den Adern gefrieren ließen. Es brauchte eigentlich kein Verbot. Das Tabu der Selbstbefriedigung erreichte alle. Niemand sprach auch nur darüber. Sie war ebenso auf wortlose Weise moralisch undenkbar wie der Seitensprung heute. Ja, man hörte davon, dass es Leute gibt, die das tun. Friede ihrer Seele. Gut, dass wir darüber nicht nachdenken oder gar sprechen müssen. Und dennoch masturbierten damals vermutlich ebenso viele Menschen wie 2017. Selbstbefriedigung ist ein Bedürfnis – und in dem Fall sogar ein berechtigtes. Kein Tabu konnte es brechen. Heute, mit wissenschaftlicher Unterstützung und dem Einzug eines gewissen gesunden Menschenverstandes, würde niemand mehr behaupten, dass vom Onanieren das Gehirn austrockne. Tabus wandeln sich, lösen sich auf.

Oder denken wir als zweites Beispiel an die Anwesenheit des Ehemannes bei der Geburt der Kinder. Früher war das absolut tabu. Niemals wieder würde der Mann die Frau begehren können, wenn er das Meer von Blut einmal gesehen habe, die ganze Abscheulichkeit des weiblichen Geschlechts beim Geburtsakt, so wurde den Männern prophezeit. Schon aus dem, was ihre Phantasie aus dieser Vorstellung machte, wollte niemand allen Ernstes das Tabu brechen. Ärzte ausgenommen. Heute würden die meisten Männer protestieren, wenn sie nicht mit in den Kreißsaal dürften. Diese Tabus haben sich durch Einsicht und Erfahrung gelockert.

Das Tabu des Seitensprungs aber bleibt in vielen Partnerschaften solide. Männer und Frauen sind ebenso unfähig, über diese Seite der Beziehung zu sprechen wie noch vor Jahrhunderten.

Wollen wir frei sein?

Doch warum bringt niemand uns die kommunikative Kompetenz bei, die es dafür bräuchte? Warum ist »Beziehung« nicht im VHS-Kurs erlernbar, warum sehen wir darüber keine Dokus im Fernsehen? Der Grund ist so einfach wie bedrückend: weil das Tabu lukrativ und systemerhaltend ist. Was ebenso undenkbar wie reizvoll ist, verlangt nach Bedürfnisverlagerung, Kompensation oder Entlastung, schafft moralische Kontrollräume. Mit einer friedlich und einhellig vor sich hintuckernden Liebesbeziehung verdient man deshalb kein Geld, weil das Alltägliche niemanden interessiert. Für das Abjekte zahlt man viel Geld. Tabuisiertes ist teuer. Moralisch inakzeptable Dinge machen oft am meisten Spaß. Was die Konvention verletzt, ist lustvoll. »Alles, was Spaß macht«, wird die Schauspielerin Mae West zitiert, »hat einen Haken. Es ist illegal, unmoralisch oder macht dick!« Wie wahr. Nur die außeralltäglichen kleinen Feste, Sünden und Ausflüge können die Aufmerksamkeit der Massen sowie ihre Geldbeutel hervorlocken. Nur die orgiastische Form der rauschhaften Verzückung für den jeweiligen Partner ist für Kulturtreibende, für Werber und die Wirtschaft interessant. Zum Verlieben und zur Partnerwahl finden sich tausende

Dokumentationen im Netz, in den Fernsehproduktionen, in der Literatur und der Musik. Wiederum: Warum? Weil Verliebtheit zu einem käuflichen, erwerbbaren, werthaften Phänomen stilisiert wird. Diese Phase im Leben ist diejenige, auf die alles zugeschnitten, hingeplant, organisiert wird. Sie ist ungeheuer lukrativ. Mit ihr lässt sich viel Geld machen. Es sind die »Schmetterlinge«, die von Konsumenten so gern erworben werden möchten. Ob es die glitzernden Augen der mit einem Diamantring beschenkten Frau sind, die uns im Werbespot begegnen, oder der junge Schlaks, der seiner Liebsten die »Merci«-Schokolade durchs Zugfenster reicht, oder der Beau, der grinsend in der Parfumwerbung der von hinten sichtbaren Frau im Abendkleid den Reißverschluss öffnet: DAS sind die Momente, die Konsumenten gerne erleben möchten. Heimisches Krimischauen auf dem Sofa wäre als Motiv für eine Werbung in Sachen Konsum- und Luxusgüter der sichere Tod.

»Tut mir leid, aber mir ist fad!«

Weil alle diese Momente erleben wollen, gleichzeitig aber ahnen, dass das mit dem langjährigen Partner nicht mehr in gleicher Weise möglich ist, weil Liebe und Zusammenleben nun einmal etwas anderes sind als Verliebtheit, Menschen das erkennen, aber nicht ansprechen, weil sie den anderen nicht desillusionieren oder kränken wollen, entsteht das Tabu der Exkommunikation[32]. Und genau hier setzt die Wirtschaft ein und bietet Ersatzbefriedigungen oder Möglichkeiten zur heimlichen Erreichung der Wünsche an. Die Illusion wird käuflich. Seitensprung-Börsen werben nicht umsonst mit Slogans wie: »Wollen Sie das Kribbeln wieder spüren?« Ja, wollen wir. Her damit! Alle wollen das.

32 Unter »Exkommunikation« versteht Ulrich Clement – frei erklärt – die unterlassene Thematisierung von relevanten Bereichen einer Zweierbeziehung mit dem Partner. Dinge, von denen man meint, der andere könne eventuell negativ darauf reagieren, werden so aus den Gesprächen ausgeklammert. Dieser Prozess neigt zur Dynamik, was in der kommunikativen Schnittmenge erprobter Paare über die Jahre oft eine Leere und Bedeutungslosigkeit erzeugt.

Es ist das Heiligtum unserer fast religiös verehrten Sehnsucht nach Außeralltäglichem. Ein offener Umgang mit den eigenen Bedürfnissen ist allerdings verpönt. Wir wollen es romantisch! Der attraktive, aber ungeschickte Mann, der auf einem Sexforum mit den Worten »Ich will ehrlich sein: Meine Frau vernachlässigt mich!« nach einer Partnerin für gewisse Stunden sucht, wird sich viele ablehnende Kommentare gefallen lassen müssen, dabei ist er immerhin im Fremdgehen noch so aufrichtig wie möglich. Der Mann jedoch, der schwelgt »Lass uns zusammen die Schmetterlinge wieder fühlen und endlich wieder diese ganz verrückte Leidenschaft erleben!« kann sich interessierter Zuschriften sicher sein. Alle wollen nämlich dieses ominöse Kribbeln spüren. Dass dieses Kribbeln aber in der bestehenden Partnerschaft nicht in gleichem Maß wie zu Beginn wiederherzustellen ist, wird zum Tabu, zum Signal des Scheiterns. Bedürfnisse und Wünsche werden exkommuniziert. In diesem Vakuum entsteht eine Unterhöhlung. In diese Unterhöhlung fallen die betrogenen Partner und erleben Momente von absoluter, apokalyptischer Ohnmacht.

10. Philosophie

Untreue muss nicht zur Trennung führen, wenn Paare ihre Kultur und die Geisteshaltung in ihrer Welt bewusster wahrnehmen. Was vermittelt die westliche Denkschule durch Konzepte, Romane, Filme, Bilder?

Geist ist geil. Warum die Philosophie alles bestimmt

Wenn das Thema »Untreue in der Beziehung« an dieser Stelle unter eine philosophische Betrachtung genommen wird, muss eines klar sein: Nicht einmal im Ansatz könnte dieses Buch der Fülle philosophischer Deutungen, Definitionen und Ansätze gerecht werden, die aus Liebe zur Weisheit im Laufe der Jahrhunderte aufgestellt und erdacht wurden. Philosophie als das Streben nach Erkenntnis hat schon immer mehr Fragen als Antworten produziert. Die meisten Fragen blieben und bleiben bis heute ganz ohne abschließende Antwort. Das bedeutet aber keineswegs, dass die unvollendeten philosophischen Fragen in ihrer Summe irrelevant oder zu abstrakt gewesen wären, um ins öffentliche Bewusstsein vorzudringen. Die richtigen Fragen zu stellen und (immer vorläufige) Antworten zu finden, ist eine Kunst, die alle wissenschaftlichen Disziplinen von Politik über Soziologie und darüber die Gesellschaft prägt und zur Kultur wird. Was in Romanen zu lesen ist und was Politiker als intelligente eigene Ideen präsentieren, fußt immer auf einer Philosophie, die einen mehr oder weniger plausiblen Deutungszusammenhang und eine Basis für komplexe Thesen liefert. Insofern haben die Philosophen auch kräftig am Konzept der gegenwärtigen Liebesvorstellung und den Ansichten über die Treue mitgewirkt. Es ist also mitnichten die Kirche allein gewesen, die den Ton in Sachen »Beziehung und Treue« über die Jahrhunderte angab, sondern auch die Prägung der »Weisen«, der Philosophen, geachtet und geschätzt als die intelligentesten und umsichtigsten Denker. Was sie als wahr und gültig erkannt hatten, fochten sie miteinander in langen, komplizierten Gesprächen und Diskursen aus. Wer am überzeugendsten darlegen konnte, wie die Welt funktioniert, prägte hernach den Diskurs aller angegliederten Wissenschaften und ließ die eigenen Ideen so mittelbar in alle Bereiche des Lebens einfließen. Das darf besonders dann nicht vergessen werden, wenn die katholische Kirche mit ihrer Verteufelung der Sexualität als alleinige »Schuldige« für manche inneren Zwiespälte gläubiger Menschen und allerlei kollektive soziale Neurosen verantwortlich gemacht wird. Wen Menschen als bewundernswert klug und weise befunden haben, dem glauben sie. Auch wenn dessen Einsichten heute manchmal ebenso abwegig und hanebüchen erscheinen wie die moralischen Auswüchse mancher Kirchenleute.

In diesem Kapitel sollen zwei Aspekte beleuchtet werden. Zum einen soll es um die Entwicklung einer Philosophie der Liebe gehen, die sich im Laufe der Jahrhunderte ausprägte und wandelte. Innerhalb dieser Philosophie eröffnet sich als »Lehre vom guten Handeln« die Ethik. Um sie soll es dann im zweiten Teil gehen, hier natürlich insbesondere um die Zweierbeziehung.

Die Philosophie befasst sich in ihrer Kernfunktion mit Wahrhaftigkeit, mit der Wahrheit und der Wirklichkeit und überträgt diesen Anspruch auch auf die Liebe als eines der stärksten Gefühle, die der Mensch kennt. Philosophen interessieren sich für der Liebe Bedeutung, ihren eigenen Wert und ihr Eingebundensein in das menschliche Leben. Sie wollen ermitteln, ob die sogenannte romantische Liebe zwischen Erwachsenen die Definition des Glücks oder vielleicht doch eher ein Politikum sei. Sie interessieren sich für Verschmelzung und Brüche, für die Einsamkeit des Verlustes und die Seligkeit der Symbiose. (Ebenso wie sie sich für die Einsamkeit der Symbiose interessieren und die Seligkeit des Bruchs, je nach Perspektive und philosophischer Schule.) Sie versuchen den Begriff der Treue zu definieren und den

Treuebruch zu erklären[33]. Andere Philosophen wie Richard David Precht (in seinem Buch »Liebe – ein unordentliches Gefühl«) untersuchen im Hinblick auf Emotionen beispielsweise, ob die Liebe zum Geld womöglich der zum Partner ähnelt, sich aus ihr ableitet oder von ihr wegführt, und ordnen unsere Liebesbeziehungen in eine Struktur der Sinnhaftigkeit und Logik ein.

Eines der am häufigsten zitierten und allgemein geläufigen philosophischen Bilder ist das von Platons »Kugelmenschen«, beschrieben in seinem Traktat »Das Gastmahl«, das Ansichten über die verschiedenen Kategorien der Liebe entwickelt. Bei diesen Geschöpfen handelte es sich der Sage nach um eine Art symbiotische Unisex-Wesen, die sich aus beiden Geschlechtern in Form von Halbkugeln zusammensetzten. Sie waren also rund und damit unangreifbar und unverwundbar. In dem übermütigen Glauben der Unbesiegbarkeit legten sich diese Kugelwesen mit den Göttern an, die sie zur Strafe in zwei Teile zerschnitten. Zappelnde zweibeinige Käfer, also Frauen und Männer, blieben zurück, immer auf der Suche nach der fehlenden Hälfte und der symbiotischen Vereinigung. Liebende seien seither beständig auf der Suche nach dem Gegenstück, um sich zu komplettieren und in der Verschmelzung das Glück der Unbesiegbarkeit zurückzugewinnen, so beschreibt es die Sage.

Diesem Mythos entsprechen andere Metaphern, die suggerieren, dass man ohne den geliebten Menschen nur »halb« sei, unvollständig. Dem »Topf« fehle der »Deckel«, das »Puzzle« sei unfertig und warte nur auf das eine unersetzliche Teil der Perfektion. Man habe eine »bessere Hälfte«. All diesen Metaphern liegt etwas ebenso Schicksalhaftes wie Tragisches zugrunde, wenn man annimmt, dass der Mensch ohne den oder die Geliebte / n amputiert, dysfunktional und mithin einfach wertlos sei. So weit reichen die Philosophien der griechischen Antike,

---

33 Beispielsweise heißt es in Kierkegaards Traktat »Entweder – Oder« (1843): »Die Liebe begehrt nur einen zu lieben und hat darin ihre Glückseligkeit, sie begehrt nur einmal zu lieben und hat darin ihre Ewigkeit.«

die durch die Addition der eigenen Sehnsucht nach Verschmelzung ein universell gültiges und plausibles Bild schufen.

Galvanize!

Das gesamte westliche Denken über die Liebe ist bis ins 21. Jahrhundert vom Verschmelzungs- und Veredelungsideal geprägt, von der Unmöglichkeit, ohne die andere Hälfte des eigenen Seins existieren zu können. Die Unersetzlichkeit im Leben des anderen wird mit der Unmöglichkeit der Existenz ohne den anderen erkauft. Es wertet das eigene Selbst auf, für einen anderen Menschen unersetzlich, unverzichtbar zu sein, werden dadurch doch viele der eigenen Eigenschaften, akzeptabel und wertvoll. Nur in der Auflösung im Gegenüber erfährt das »Ich« in dieser Lesart die Spiegelung durch das »Du«. Die Liebe funktioniert als Anker in der Welt, sogar als Lebensberechtigung. Erst mit der Psychoanalyse, entstanden um 1890, veränderte sich mancher Ansatz. Der Mensch als Einzelwesen wurde in seiner psychischen Struktur durchleuchtet, Triebe und Motive wurden identifiziert und benannt.

Geschlechtswerkzeuge

Zahllose Philosophen haben sich über den Zweck und Sinn der Ehe und des Eheversprechens Gedanken gemacht, manche expliziter, andere abstrakter. Einer der originellsten und in seiner eigenen Logik verstörendsten Impulse war der von Immanuel Kant. Dieser war der Auffassung, die Ehe sei nichts anderes als *»die Verbindung zweier Personen verschiedenen Geschlechts zum lebenswierigen wechselseitigen Besitz ihrer Geschlechtseigenschaften«*[34]. Was so technisch klingt wie eine

34 Kant, Immanuel: »Die Metaphysik der Sitten«, 1797. Erster Teil. Metaphysische Anfangsgründe der Rechtslehre.

Gebrauchsanleitung fürs Online-Banking, hat folgenden Hintergrund: Mit der Überlassung der eigenen Geschlechtseigenschaften (also der Verfügbarkeit in sexueller Hinsicht) an eine andere Person mache sich der Mensch zu einer Sache. (Ob daraus zu folgern ist, dass der Mensch nur außerhalb der Verwendung seiner Geschlechtswerkzeuge als solcher zu betrachten sei, ist eine ebensolche Frage wie die nach dem Zustand, in dem er sich während des Geschlechtsaktes befindet. Mag er gar unmenschlich sein?) Sehe man die Ehe als den Austausch der Besitzrechte an, so erfülle sie eine gewisse Logik, denn »... *indem die eine Person von der anderen, gleich als Sache, erworben wird, diese gegenseitig wiederum jene erwerbe; denn so gewinnt sie wiederum sich selbst und stellt ihre Persönlichkeit wieder her. Es ist aber der Erwerb eines Gliedmaße am Menschen zugleich Erwerbung der ganzen Person – weil diese eine absolute Einheit ist; folglich ist die Hingebung und Annehmung eines Geschlechts zum Genuss des andern nicht allein unter der Bedingung der Ehe zulässig, sondern auch allein unter derselben möglich.*« (ebd.) Sprich: Wenn ich mich dir überlasse, dann nur unter der Bedingung, dass du dich mir auch überlässt. Indem ich mich dir überlasse und du dich mir, erhalte ich mich selbst logischerweise zurück. Kant spricht allen anderen Formen der Beziehung als der Ehe die Berechtigung ab, wenn er sagt: »*Das Verhältnis der Verehelichten ist ein Verhältnis der Gleichheit des Besitzes.*«

Wenn es um die Treue geht, so haben manche der von den meisten Intellektuellen verehrten Weisen nahezu abenteuerliche Vorstellungen davon, woher sie stamme und wem sie gebühre. Logik täuscht da nicht immer über manche Form von unverhohlenem Chauvinismus hinweg. Manche Philosophen postulierten Thesen, die Werte wie Treue auf »naturgegebene« Dispositionen zurückführten, und manifestierten, ganz im Credo der katholischen Kirche, naturgegebene und moralische Zwangsläufigkeiten. Schopenhauers Theorie, die im Weiteren vorgestellt wird, erhebt scheinbare Unterschiede in den Begehrlichkeiten von Männern und Frauen zum Naturgesetz. Solche Thesen der Verschiedenartigkeit der biologischen Geschlechter perpetuieren sich heute in ähnlicher Form, wenn bestimmte Anthropologen behaupten, Menschen seien nun einmal so, es gebe ein Untreue-Gen, und anhand von Knochen aus dem Pleistozän ließe sich ableiten, dass es früher schon ästhetische Vorlieben für bestimmte Körperformen oder gar Verhaltensweisen gegeben habe. Außerdem lasse sich nachweisen, dass Frauen immer den Beschützer und Männer die Austrägerinnen ihres Erbgutes suchten. Frauen und Männer hätten grundsätzlich voneinander abweichende Bedürfnisse, heißt es, das sei immer so gewesen. Der Mann als Jäger und Verstreuer seiner Gene, die Frau als Wächterin der Nachkommenschaft und häusliche Henne. Wissenschaft beweist Thesen. Wer die These aufstellt, dass Frauen weniger und Männer mehr Drang zur Untreue haben, kommt, wie Arthur Schopenhauer, eventuell zu diesem Ergebnis, das zuverlässiger in der Denkrichtung nicht hätte ausfallen können: »*Zuvörderst gehört hiehier, daß der Mann von Natur zur Unbeständigkeit in der Liebe, das Weib zur Beständigkeit geneigt ist. Die Liebe des Mannes sinkt merklich, von dem Augenblick an, wo sie Befriedigung erhalten hat: fast jedes andere Weib reizt ihn mehr als das, welches er schon besitzt: er sehnt sich nach Abwechselung. Die Liebe des Weibes hingegen steigt von eben jenem Augenblick an. Dies ist eine Folge des Zwecks der Natur, welche auf Erhaltung und daher auf möglichst starke Vermehrung der Gattung gerichtet ist. Der Mann nämlich kann, bequem, über hundert Kinder im Jahre zeugen, wenn ihm eben so viele Weiber zu Gebote stehen; das Weib hingegen könnte, mit noch so vielen Männern, doch nur ein Kind im Jahre (von Zwillingsgeburten abgesehen) zur Welt bringen. Daher sieht er sich stets nach andern Weibern um; sie hingegen hängt fest dem einen an … Demzufolge ist die eheliche Treue dem Manne künstlich, dem Weibe natürlich, und also der Ehebruch des Weibes, wie objektiv, wegen der Folgen, so auch subjektiv, wegen der Naturwidrigkeit, viel unverzeihlicher als der des Mannes.*«[35]

---

35 Schopenhauer, Arthur: »Metaphysik der Geschlechtsliebe – die Welt als Wille und Vorstellung«, Bd. II (Ergänzungen zum vierten Buch), Kap. 44, zitiert nach der Ausgabe »Arthur Schopenhauers sämtliche Werke«, hrsg. und eingeleitet von M. Köhler, Berlin, 1902.

Frauen sind mitnichten die Wesen ohne Geschlechtstrieb, die ohne Wandel der Beständigkeit in Mäßigung ihr Dasein fristen. Das folgende Beispiel, absolut kein besonderer Einzelfall, mag das veranschaulichen:

Die Betrügerin:

»Irgendwann hat das angefangen. Ich weiß auch nicht mehr, was der Anlass war. Wahrscheinlich hatten wir im Bekanntenkreis übers Fremdgehen gesprochen. In unserem Alter gibt es viele, die sich jetzt etwas anderes suchen oder sich trennen. Wir sind auch schon 24 Jahre verheiratet, unsere Kinder brauchen uns nicht mehr. Auch in unserer Ehe ist nicht mehr viel los, das geht mehr parallel als zusammen. Das habe ich ein paar Jahre lang immer wieder angesprochen, aber mein Mann sagte immer: »Du bist ja auch nie zufrieden! Wir haben doch alles!«

Irgendwann sprach jemand von Seitensprung-Agenturen und so. Ich habe daraufhin im Netz gestöbert. Heimlich. Und ich habe eine Menge Seiten gefunden, auf denen man sich mit Leuten verabreden konnte, die auch fremdgehen wollen. Ich war dabei ganz nervös und hatte richtig feuchte Hände. Danach habe ich den Verlauf gelöscht und bin ein paar Wochen nicht wieder auf die Idee gekommen. Das schien mir doch ziemlich dreist.

Doch der Gedanke ließ mich nicht los. Immer wieder habe ich mir die Dating-Seiten angesehen, und irgendwann habe ich mich eingeloggt. Oh je. Man brauchte einen Text und ein Foto, und ich musste mir überlegen, was ich eigentlich mag. Darüber hatte ich vorher noch gar nicht nachgedacht. Mein Mann und ich hatten vielleicht viermal im Jahr Sex, und der war seit 20 Jahren immer gleich. Was ich wollte, hatte ich mich seit Jahren nicht gefragt. Ich habe mir also irgendwas ausgedacht und dabei ehrlich gesagt keinen Gedanken an meinen Mann verschwendet. Er interessiert sich sowieso nicht für das, was ich tu'. Wozu sollte ich überhaupt den Verlauf löschen und heimlich bleiben? Er merkt eh nichts.

Bis ich mich zum ersten Mal mit jemandem getroffen habe, hat es drei, vier Wochen gedauert. Mein Mann hat nicht mal gefragt, als ich sagte, dass ich abends ausgehe. Ich habe mir eine Geschichte ausgedacht, aber er wollte sie gar nicht hören. Beim ersten Kennenlernen mit dem Mann habe ich aber gleich gemerkt, dass er nichts für mich ist. Der war genauso nervös wie ich und hat mir nur von seiner schwierigen Ehe und seiner kranken Frau erzählt. Das brauchte ich nicht. Aber ich war neugierig geworden. Beim nächsten Mal traf ich mich mit einem Mann in der Bar eines Hotels. Der Mann war im Vertrieb und ganz charmant. Wir tranken ein paar Gläser, und das machte mich so locker, dass ich mit ihm aufs Zimmer ging. Am Anfang war ich gehemmt, aber dann machte es mir viel Spaß. Ich fühlte mich abenteuerlustig und jung und verrückt. Ganz aufgelöst und gut gelaunt kam ich zu Hause an. Mein Mann schlief schon. Ich duschte noch einmal und legte mich neben ihn, am ganzen Körper habe ich vor Aufregung gezittert.

Im folgenden Jahr traf ich mich immer wieder mit Männern. Es war oft schön und manchmal auch sehr erregend, manchmal aber merkte ich, dass die Männer nur einen Seelenmülleimer suchten. Ich hatte durch den Impuls mit den anderen Männern selbst wieder viel mehr Lust, auch auf meinen Mann, aber der war davon nicht besonders beeindruckt. Ich glaube, dass ich ihn in Ruhe lasse, ist ihm am liebsten.

Inzwischen gibt es zwei Männer, mit denen ich mich regelmäßig treffe, wenn sie in der Stadt sind. Es sind zwanglose Treffen im Hotel, wir sind locker befreundet und wissen einiges voneinander. Das macht mir Spaß und lässt mich attraktiv fühlen. Ich bin gespannt, wann mein Mann dahinterkommt. Ich habe ja dauernd Messages auf dem Handy. Wenn er etwas wissen wollte, wäre es längst ein offenes Geheimnis. Manchmal juckt es mich in den Fingern, ihm einen Hinweis zu geben. Er weiß überhaupt nicht, mit wem er da verheiratet ist, glaube ich. Dass er sich trennen würde, glaube ich nicht. Dazu ist er zu bequem. Es ist eine Frage der Zeit, wann es herauskommt. Ein schlechtes Gewissen habe ich nicht mehr. So wenig, wie sich mein Mann für mich interessiert, braucht er sich nicht zu wundern, wenn ich ein Doppelleben anfange.«

Das »Untreue-Gen« wird vom Philosophen in der jovialen Art des überlegenen Gelehrten vorweggenommen. »Wenn Schopenhauer, der

Weise, das so formuliert, dann wird es stimmen«, mögen die Leser gedacht haben. »Es ist bewiesen. Männer wollen immer nur das eine, Frauen nichts dergleichen und stattdessen lieber versorgt werden.« Solche Mythen kursieren bis heute. Sie charakterisieren unsere Denkschule, sie bestimmen unsere weiteren Forschungsergebnisse. Thesen bauen sich auf Thesen auf, die immer wieder dasselbe bestätigen. Feststellungen und Zuschreibungen, die enorme Vorteile für ein bestimmtes Geschlecht oder eine Rasse bringen, aber schwer begründbar sind, werden gern mit »der Natur« begründet. Viele Attributierungen Schopenhauers Zeit würden heute als rassistisch oder sexistisch verdammt, wurden doch beispielsweise dunkelhäutige Menschen in der damaligen (auch philosophischen) Literatur als »Wilde« bezeichnet und Frauen eine geringere Intelligenz zugeschrieben. Gegen Rassismus und Sexismus ist eine breite Front des Protestes laut geworden. Die Mär von der natürlichen Disposition der Männer zur Untreue jedoch beispielsweise bleibt hartnäckig und selbstgefällig bestehen.

Selbst wenn Schopenhauer mit seinen Thesen inhaltlich recht gehabt hätte, dann wäre der Seitensprung nach seiner Logik zwar natürlich, aber immer noch nicht moralisch in Ordnung. Beansprucht er Moral nur für eines der Geschlechter? Haben Männer und Frauen unterschiedliche Moralitäten? Abgesehen davon wirft sein Text einen ganz einfachen mathematischen Fehler auf: Wenn die Frau als solche doch gar kein Interesse an der sinnfreien Paarung verspürte, wozu sollte sie diese dann vollziehen? Es stünden also null Frauen als freie Paarungsmasse 100 paarungswilligen Männern gegenüber. Wie viele Frauen wären also vorhanden, die Begehrlichkeiten aller Männer außerhalb (und innerhalb!) der Ehe auch nur zu wenigen Prozent zu erfüllen? Und welche Frau schliefe mit welchem Mann? Wer trüge all die hunderte Kinder aus, die ein Mann im Laufe seiner Lebenszeit zeugen könnte? Wer versorgte wohl all die gelangweilten Männer, die kurz nach der Eheschließung nichts anderes im Sinn hätten als die Streuung ihrer Gene, mit Möglichkeiten? Sollte es am Ende doch Frauen geben, die sich dem Akt aus schierer Freude und ohne das Versprechen auf ewige Liebe und beständige Treue hingäben, ohne Geld dafür zu verlangen?

Der Ansicht, Menschen sollten einander besitzen und kontrollieren, wie Kant es formulierte, würden heutige Liebespartner grundsätzlich widersprechen. Es geht in zeitgemäßen Beziehungen vordergründig niemals darum, jemanden zu besitzen, sondern stattdessen zu lieben. Diese Akzeptanz der Liebe als Urgewalt und »Bestimmer« aller Beziehungen gilt heute darüber hinaus als Konsens. Menschen des 21. Jahrhunderts würden heftig widersprechen, wenn von »Vernunft« im Zusammenhang mit Verbindung in Zweierbeziehungen die Rede ist. Vom Anspruch der dauerhaften Verschmelzung und Vereinigung ist das heutige Liebesideal – dennoch zumindest in der Philosophie – weit entfernt. Das Ideal hat sich in Richtung Egalität und Akzeptanz der Liebenden als zweier unterschiedlicher Wesen entwickelt. Immer noch werden die Hälften der Kugelwesen, wenn man der Metapher folgen will, zu Beginn der Beziehung mit Romantik und Treue aneinandergeklebt, doch dieser Kleber will mangels äußeren Drucks nicht mehr so lange halten, wie das früher der Fall war.

Pufferzonen

Wo zu Zeiten Kants noch gesellschaftliche Zwänge und insbesondere materielle Abhängigkeiten sowie moralische Verurteilungen der Beziehungsauflösung entgegenstanden, wurde auf die beiden Hälften, die gefälligst zueinanderpassen sollten, so viel Druck ausgeübt, dass auch noch die inkongruentesten Schnittflächen irgendwann untrennbar verbunden waren – gleich, welche Schmerzen das den Kugelwesenhälften zufügte. Heute ist der Druck von außen schwächer geworden, was viele Beziehungen zu einem frühen Ende führt. Serielle Monogamie ist der Oberbegriff für die beständige Suche nach der anderen Hälfte. Passt etwas nicht gleich zu Anfang, wird die gefundene Hälfte zurückgelassen und eine neue aufgesucht.

Der französische Philosoph Alain Badiou formuliert (vielleicht vor diesem Hintergrund) den heutigen Anspruch an die Liebe aus philosophischer Sicht so:

»Liebe ist ein hartnäckiges Abenteuer. Die abenteuerliche Seite ist notwendig, aber die Hartnäckigkeit ist es nicht weniger. Wenn man es beim ersten Hindernis bleiben lässt, bei der ersten ernsthaften Meinungsverschiedenheit, bei den ersten Problemen, dann ist das nur eine Entstellung der Liebe. Eine wahrhafte Liebe ist jene, die dauerhaft, manchmal schwierig, über die Hindernisse triumphiert, die der Raum, die Welt und die Zeit in den Weg stellen.«[36]

Über die Jahre hat es vielfältige Veränderungen der philosophischen Sicht auf die Beziehung gegeben. Einer der aktuelleren Vertreter der Soziologie und Philosophie, Niklas Luhmann, sortierte die Liebe gar in seine ganz und gar unromantische Systemtheorie ein:

»Die Eigenart des anderen, den man liebt und auf den hin man Welterfahrungen aufnimmt und handelt, wird als Resultat von Enttäuschungsverarbeitungen in den eigenen Lebenssinn übernommen, und zwar speziell in den Hinsichten, in denen er anders ist als man selbst; anders auch, als man es wünschen würde, und anders schließlich, als es einer Stilisierung seiner Wesenszüge ins Ideale entspräche.«[37]

Dieser hölzern anmutende Satz entspricht der Akzeptanz der Unterschiedlichkeit der Liebenden als Voraussetzung für tiefe Emotionen und erkennt die Unterschiedlichkeit der Partner als das an, was die Liebe am Leben hält. Indem beide ihre Kommunikationscodes gleichzeitig anpassen und einen Raum »gemeinsamer Wahrheit« schaffen, leben und kommunizieren sie doch weiter in ihrem eigenen Raum und Code und erhalten sich als Egos in gleicher Weise wie die aus Kommunikation bestehende Beziehung am Leben. Übertragen könnte man sagen: Liebe entsteht in der koordinierten Reibung der Kugel-

---

36 Badiou, Alain, im Interview in »Philosophie Magazin«, Ausgabe 4, Juni / Juli 2017, S. 42.

37 Luhmann, Niklas: »Liebe als Passion«, Suhrkamp, Frankfurt am Main 1982, S. 212.

wesenhälften aneinander auf der Suche nach der besten Passung, immer mit etwas Spiel dazwischen, einer Handbreit Luft. Die Liebesbeziehung erhält in diesem Zwischenraum einen von beiden Seiten gespeisten Eigensinn, ein eigenes Leben.

Doch wie steht es mit der Treue? Was lernen Menschen unseres Kulturkreises darüber von den Philosophen und vor allem den Philosophien? Treue, so formuliert es eine Wedding-Planerin mit philosophischem Background auf ihrer Werbeseite, sei der Kleber, der die beiden Hälften der platonischen Kugelwesen aneinanderklebe. Sie sei es, die raue Schnittstellen passend und haltbar mache. Statt sich in dauerndem Reibungsprozess aneinander anzugleichen und doch immer wieder das beängstigende Gefühl »womöglich passt es doch nicht so gut« erleiden zu müssen, verschaffen die Treue und das Gelöbnis auf ewige Liebe und ewiges Begehren eine Verbindung, die Kratzer, Scharten und Inkongruenzen irrelevant zu machen scheint. Sie macht passend, was nicht passend war, sie bindet, was nicht zusammenhalten soll. In fast jedem einzelnen Paar ist diese Vorstellung noch als Glaubenssatz wirksam. Wird durch eine Untreue dieser Kleber brüchig oder infrage gestellt, wirft das existentielle Fragen nach Moral und Zulässigkeit auf. Doch was ist das moralisch richtige Handeln?

So wird's gemacht: Ethik

Untreue muss nicht zur Trennung führen, wenn Paare eine individuelle Beziehungsethik mit klar vereinbarten Prioritäten finden. Oberste Priorität müsste dabei nicht Treue sein.

Vertigo

Über die moralische Bewertbarkeit von Handlungen lässt sich das Prinzip von »neminem laedere« anwenden, das besagt, moralisch vertretbar sei das, was niemandem mehr schade, als es einem selbst nütze. Unter Schaden ist in zwischenmenschlicher Hinsicht zu verstehen, dass niemand gekränkt, verletzt, niemand schockiert und traumatisiert werden dürfe. Das wirft natürlich die Frage auf, ob heimliche Seitensprünge unter diesem Aspekt moralisch nicht sehr viel positiver zu bewerten wären, weil dadurch im ersten Schritt niemand verletzt würde. »Was ich nicht weiß, macht mich nicht heiß« sagen viele. Ist das ethisch zu verantworten?

Leichter Schwindel kann aufregend sein. Das nach einer Fahrt im Karussell oder nach zwei Gläsern Wein empfundene Schwindelgefühl kann sich wie Freiheit und immerhin ungewohnt anfühlen. Richtiger Schwindel dagegen ist nicht schön. Wer bereits einmal einen Schwindelanfall hatte, kennt die Ohnmacht und Hilflosigkeit dieses Gefühls. Aber auch das Schwindeln als Synonym fürs Lügen ist keine angenehme Angelegenheit, weder für den, der schwindelt, noch für den, der angeschwindelt wird. Paare geraten durch die unüberschaubaren Wirkfaktoren ihrer kulturellen, psychologischen und biologischen Prägung im Fall des Seitensprungs in einen doppelten Schwindel. Erst ist ihnen schwindelig vor Liebe, dann vor lauter Ansprüchen, dann wird geschwindelt, und daraus entsteht eine lang anhaltende Orientierungslosigkeit. Orientierungslos halten sich Paare dann an ihre kulturell geprägte innere Landkarte. Diese ist aber veraltet. Sie taumeln und verletzen sich selbst und den anderen.

Schmerzempfinden

Weiterhin hängt der Grad der Verletztheit durch einen Seitensprung auch vom Grad der Verletzlichkeit ab. Ein Paar aus der Swinger-Szene würde vermutlich den mit anderen praktizierten Sex des Partners auch dann nicht als Kränkung verstehen, wenn er unmittelbar in Hörweite stattfände. Bei einem anderen Paar mit extrem heraufgesetzter Verletzlich- und Kränkbarkeit ist schon der Blick auf eine andere Frau Anlass für tagelange Diskussionen. Moralität ist also hier schwierig spezifizierbar und noch weniger mess- oder vergleichbar.

(Randbemerkung: Verletzungen durch Seitensprünge sind vielfältig und betreffen viele. Hier wird sich ausschließlich auf das beteiligte Paar

bezogen. Vollkommen aus dieser Betrachtung ausgeklammert werden Kinder und Angehörige des Paares, das in der Folge von Verletzlichkeiten und Kränkungen, die in Streitigkeiten und Trennungen münden, Schaden davontragen. Noch viele andere Personen und Faktoren leiden unter herabgesetzter Aufmerksamkeit infolge des Aushandelns moralischer Konflikte zwischen Liebenden. Das Bewusstsein darüber wird in der Leserschaft vorausgesetzt, weswegen Kinder und andere am System beteiligte Personen zugunsten der Fokussierung aufs Paargefüge ausgeklammert werden.)

Die Frage allerdings, ob ein Seitensprung nach der Definition des »neminem laedere« immer und unbedingt moralisch verwerflich sein muss, bleibt davon unberührt. Insbesondere die Frage, ob ein heimlicher Betrug weniger moralisch bedenklich sein könne als ein eingestandener, scheint unter philosophischen Gesichtspunkten interessant. Gibt es eine zuverlässige Orientierung dafür, was ethisch und moralisch akzeptabel ist? Seit Jahrhunderten gibt es für Fragen wie diese eine universelle Formel. Immanuel Kant formulierte sie in verschiedenen Versionen. Für das Thema »Seitensprung« bietet sich die Betrachtung der Formel Kants kategorischen Imperativs an, die da (vereinfacht) heißt: *»Handle so, dass die Maxime deiner Handlung ein allgemeines Gesetz werden könne.«* (Metaphysik der Sitten, F. Meiner, S. 389)

Ist es also in Ordnung, dem anderen den eigenen Seitensprung zu verheimlichen, um ihn zu schützen, oder schadet man ihm eher dadurch, dass man ihm eigene Befindlichkeiten und Bedürfnisse, mithin die Wahrheit, vorenthält? Sollte es »allgemeines Gesetz« werden, Seitensprünge heimlich zu vollziehen, und wem würde das gerecht(er)? Wäre eine solche Heimlichkeit nicht nur dem Seitenspringer dienlich, während unter Umständen der oder die Geliebte, der oder die Betrogene und die ansonsten belogene Umwelt mehr Schaden als Nutzen davontrügen?

Was ist höher zu bewerten? Die Wahrhaftigkeit zwischen den Partnern, das Zumuten und Zutrauen eigener Wahrheiten oder der Schutz der Verletzlichkeiten des anderen? Und kippt diese Figur nicht in dem Moment, wo die Wahrheit doch ans Licht kommt und mit der Aufdeckung der Heimlichkeit noch mehr Schaden anrichtet, als es der Seitensprung allein je gekonnt hätte? Würde nicht dadurch automatisch der Mechanismus in Gang gesetzt, der die Verletzlichkeit so hochhält, dass der andere nicht einen Schritt ohne Aufsicht machen dürfte? Wie viel Offenheit darf man dem Partner zumuten?

Darüber streiten sich die Experten. Während der Philosophieprofessor Franz Josef Wetz in seinem Buch »Lob der Untreue« postuliert, der »Redlichkeitswahn« fresse die Gesellschaft auf, und im Interview auf »iconist« über Welt24 im August 2014[38] behauptet, »Wenn die Untreue schließlich rauskommt, dann wird die Unehrlichkeit als größeres Problem angeprangert als der körperliche Betrug. Das ist aber Quatsch. Ich sage: Die Lüge ist gar nicht so schlimm. Der Alltag besteht sowieso zur Hälfte aus Unwahrheiten«, dann würde er gemäß der Kant'schen Deutung dafür plädieren, aus rein moralischer Rechtfertigung heraus grundsätzlich zu diesem Thema zu lügen, da die anderen sowieso alle nichts anderes täten, als rund um die Uhr Unwahrheiten zu verbreiten.

Andere Philosophen sehen das aus einer anderen Warte. Der Philosoph und Mitautor des Buches »Die andere Beziehung«, Imre Hoffmann[39], versteht eine Beziehungsethik beispielsweise nur in folgendem Fall als gelungen: »Intimität erfordert das gegenseitige Sich-Kennenlernen: Intimität bedeutet das Offenlegen von Gefühlen und Handlungen, die das Individuum nicht gewillt ist, einer größeren Öffentlichkeit preiszugeben. Tatsächlich ist das Offenlegen dessen, was vor anderen verborgen wird, einer der wichtigsten psychologischen Gesten, die im Anderen Vertrauen erwecken und nach denen der andere umgekehrt auch sucht.« Dabei bezieht er sich auf den britischen Soziologen An-

38 Wetz, Franz Josef: »Lob der Untreue. Eine Unverschämtheit«, Diederichs Verlag, Random House, 2011.

39 Hoffmann, Imre: »Die andere Beziehung – polyamorie und philosophische Praxis«, Schmetterling Verlag, Stuttgart, 2012.

thony Giddens[40], der 1993 postulierte: »Indem sich die PartnerInnen dem oder der anderen gegenüber öffnen und einander ihre Bedürfnisse und Interessen mitteilen, vermitteln sie sich gegenseitig eine Art Garantie darauf, dass eine Beziehung für eine unbegrenzte Zeit aufrechterhalten werden kann.« Und weiter: »Ich hatte daher die Ansicht vertreten, dass für die Qualität einer Liebesbeziehung neben Intimität auch Moralität eine zentrale Rolle spielt. Mit den aktuellen Überlegungen möchte ich diese Annahme bekräftigen. Denn wie wir nun sehen können, macht die ›reine Beziehung‹ einen moralischen Umgang miteinander erforderlich, indem sie als ethische Grundlage die Egalität der Partnerinnen ins Spiel bringt. Und wo Egalität herrscht, lässt sich die Reziprozität des Sich-Entblößens schlecht vermeiden.«

Wo Professor Wetz seine eigene Intimität publik macht und dem geneigten Zuhörer dasselbe mitteilt wie seiner Gattin, nämlich, dass er fremdgeht und ihr keine Details anvertraut, verlässt er kommunikativ die Intimität der Zweierbeziehung. Er teilt seine Bedürfnisse und Taten mit der Öffentlichkeit, aber nicht spezifisch mit seiner Partnerin. Nach Kant würde das bedeuten, es solle Gesetz werden, dass alle ihre Bedürfnisse mit der Welt teilen, aber nicht in größerem Rahmen mit dem Intimpartner. Man könnte es so verstehen: Wetz findet, der Seitensprung solle zur Kulturtechnik werden. Ähnlich wie es eine Konvention zu sein scheint, dass alle das Finanzamt um Geld betrügen, würde der Seitensprung in ein neues Konzept der aufgehobenen Moralität eingebaut, in dem alle ohnehin wüssten, dass sie betrogen werden – warum also nicht auch vom Partner? Man darf dies pragmatisch oder zynisch finden, je nach Geschmack.

Hoffmanns Anspruch hingegen würde nach Kant bedeuten, dass sich alle alles bis ins letzte Detail mitteilen und die Intimität somit vergrößern. Grundsätzlich ist das ein Ansatz, der von Sexualtherapeuten wie Ulrich Clement wahrscheinlich grundsätzlich in gewissem Rahmen

---

40 Giddens, Anthony: »Wandel der Intimität. Sexualität, Liebe und Erotik in modernen Gesellschaften«, Frankfurt am Main, 1993.

befürwortet würde, weil Themen besprochen würden, die ansonsten Gefahr liefen, »exkommuniziert« zu werden. Andererseits gilt es zu bedenken, dass sich das Buch Hoffmanns um polyamore Geflechte dreht. Die Grenzen der eigenen Paarintimität anderen Paarintimitäten gegenüber zu wahren, ohne jemanden durch die Weitergabe intimer Details bloßzustellen, ist eine anspruchsvolle Aufgabe.

Die meisten Paare, die unter der Untreue eines oder beider Partner leiden, sind sich einig, dass die damit verbundenen Lügen eine besondere Belastung für die Beziehung darstellten und es sehr lange gedauert habe, bis wieder ein Vertrauensverhältnis hergestellt war.

Die Betrogene: Marlene, 34:

»*Das Schlimmste war eigentlich nicht, dass er mit der anderen im Bett war. Oder die Nachrichten auf dem Handy. Das Schlimmste war, dass ich es die ganze Zeit irgendwie geahnt hatte. Ich habe doch genau gespürt, dass irgendwas nicht stimmt. Ich hab ihn gefühlte tausendmal gefragt, was los sei. Tausendmal hat er vor mir gesessen und den Mund nicht aufgemacht. Das hat mich schier umgebracht. Ich wusste es doch längst. Wir sind seit 15 Jahren zusammen, er kann mir nichts vormachen.*

Und doch hat es fast zwei Monate gebraucht, bis ich die erste Scheibe seiner Salamitaktik serviert bekommen habe. Ja, da wär' was. Ja, irgendwie hätte er sich mal mit einer zum Kaffee getroffen. Oh Mann, ich hätte ihn ohrfeigen können, weil ich ja schon wusste, dass noch mehr kam. Ich habe nicht lockergelassen. Scheibchen für Scheibchen habe ich die Wahrheit aus ihm herausgeholt, es war so demütigend. ›Haben wir das nötig?‹ hab ich ihn gefragt. Aber bis ich alles wusste, war ich mit den Nerven runter. Das hätte er mir ersparen können. So viel Respekt hätte ich von ihm schon erwartet. Am Ende war dann alles klar. In unserer Wohnung hat er sich mit ihr getroffen. In unserer Wohnung, das muss man sich mal vorstellen. Mit diesem Vertrauensbruch und mit der Respektlosigkeit vor unserem intimsten Raum hat er mich noch viel mehr getroffen, als wenn er sich in irgendeinem Hotel herumgetrieben hätte und es mir am nächsten Tag gestanden hätte. Kann mal passieren. Ich wäre wahrscheinlich trotzdem ausgeflippt. Aber nicht so zerbröselt wie in dem Moment, als ich mir vorstellen musste, dass die Tante in meinem Bett gelegen hat. Heute will ich gar nicht mehr darüber nachdenken. Wir haben die Kurve irgendwie wieder bekommen, viel geredet und manches Thema ausgekramt, das wir vorher beiseite geschoben hatten. Sexualität, unsere Träume, unsere Ängste. All das haben wir jetzt wieder klarer. Aber war es dazu nötig, erst mal alles mit Füßen zu treten?

In der akuten Phase habe ich ihm immer wieder gedroht: ›So, mein Freund. Jetzt habe ich einen gut bei dir. Irgendwann betrüge ich dich auch, und dann darfst du dich nicht beschweren.‹ Aber heute finde ich das albern. Wenn ich mal Lust auf jemand andern hätte, würde ich es klipp und klar sagen. Und dasselbe würde ich von ihm erwarten. Das ist das Mindeste, was man machen kann. Mit dem Verschweigen verrät man den anderen noch viel mehr, als wenn man Sex mit einem anderen hat.«

Und was machen wir daraus?

Im Mittelweg findet sich ein Ansatz, der vorschlagen könnte, es solle zum Gesetz werden, dass sich Partner relevante Details ihrer Bedürfnislage unter allen Umständen mitzuteilen haben, zumindest aber ist das Eingeständnis eines Seitensprungs moralische Pflicht mit allen Konsequenzen, die daraus folgen. Ist die Verletzlichkeit vorher durch offene Gespräche herabgesetzt, gibt es einen Boden, auf den peinliche oder intime Wahrheiten fallen können, ohne zerstört, zerredet oder durch moralische Keulen zerschmettert zu werden, ist das eine gute Grundlage für moralisches Verhalten, das eben nicht immer ohne Selbstüberwindung und manchmal auch Schmerzen auf der eigenen oder der Gegenseite ablaufen kann. Nach Kant soll es also zum allgemeinen Gesetz werden, dass Paare miteinander offen (auch) über die Option »Untreue« als erwartbares Phänomen sprechen, um die Verletzbarkeit und die Gefahr des Traumas herabzusetzen. Weiterhin soll es Gesetz werden, dass Seitensprünge berichtet werden, weil in ihnen Bedürfnisse zum Vorschein kommen, die in den Diskurs innerhalb der Beziehung gehören und nicht exkommuniziert werden sollten.

11. Ökonomie

Untreue muss nicht zur Trennung führen, wenn Paare verstehen lernen, dass ihr persönliches Dilemma lukrativ für andere war, ist oder werden könnte.

Du bist mein und ich bin dein

Über die materielle Seite der Untreue ist bereits gesprochen worden. Der Hotelier, der sein Auskommen durch karnevaleske Feiern bestreitet, profitiert ebenso von der Heimlichkeit des Seitensprungs wie viele Agenturen im Netz. Interessant auch zu wissen, dass Online-Plattformen wie »dayuse« beispielsweise Hotelzimmer größerer Ketten stundenweise abgeben. Haben die Geschäftsleute am Vormittag ausgecheckt, werden die Doppelzimmer von dieser Agentur bis zum nächsten Check-In zwischenvermietet. Nein, nicht an müde Manager mit Jetlag, sondern an illegitime Liebespaare. Branchen verdienen am Seitensprung. In anderen Staaten und Ländern leben ganze Städte von der Untreue. Der Seitensprung hat hier in explizitem Rahmen seine eigene wirtschaftliche Nische und Berechtigung. In China gibt es einen Ort nahe Hongkong, der Shenzen heißt. In ihm leben die Geliebten der Hongkonger Geschäftsmänner. Sie werden Yi-Lais oder Zweitfrauen genannt. Eine ganze Stadt unterhält sich nur durch die regelmäßigen Besuche durch die Männer, die in Shenzen langfristige Nebenbeziehungen unterhalten. Sie leben zum Vergnügen der Männer dort und manifestieren ein Paralleluniversum, in dem viele der Frauen annehmen, SIE seien in Wirklichkeit die Erstfrauen und der eigentlichen Ehefrau weit überlegen. Ein solcher Ort ist in Deutschland nicht bekannt. In Hongkong werden Lust und (Arbeits-)Frust säuberlich voneinander getrennt, auf dass die »outgesourcte« Libido die Arbeitskraft anreichern möge. In Europa wird eher versucht, beide Lebenswelten miteinander zu verbinden und in beiden Welten Freude zu empfinden, was von mehr oder weniger Erfolg gekrönt ist, je nachdem, welche Art von Beruf man ausübt und welche Art von Beziehung man führt.

Utopien zur Lust

Die Idee, dass Ökonomie und Lust in einer engen Verbindung zueinander stehen, hat u. a. bereits der französische Philosoph Charles Fourier verfolgt. Er war davon überzeugt, dass nur Menschen, die mit sich selbst und ihrem Liebes- und Lustleben zufrieden seien, wirtschaftlich gut arbeiten und eine gesunde Volkswirtschaft betreiben könnten. Auch Charles Fourier wollte sowohl die gesellschaftlich notwendige Arbeit als auch das Zusammenleben der Geschlechter ändern. Seine Utopie war eine genossenschaftliche Ordnung, die er selbst meist »Harmonie« nannte. Harmonie war in dieser Diktion nicht nur eine Wirtschaftsgemeinschaft, sondern auch eine Liebesgemeinschaft ohne bürgerliche Ehe. In seiner »Phalanx« waren die beiden Geschlechter vollkommen gleichberechtigt. Sie arbeiten, vergnügen und lieben sich, wie die Neigung sie zueinanderführte. Fourier sah den glücklichen Menschen als ein durch Leidenschaften bewegtes und gesteuertes Wesen. Seiner Bestimmung gemäß strebte der Mensch nach dem Glück. Und Reichtum und Gesundheit seien sein Glück. Der Mensch wolle Reichtum, um sich Genuss zu verschaffen, und Gesundheit, um sie genießen zu können. Das Hauptgewicht seines Wirtschaftsmodells lag bei der Ackerbaugenossenschaft, die er als geeignete Grundlage für die menschliche Existenz ansah, weil sie die meiste Abwechslung böte. Aber auch Hauswirtschaft, Handel und Gewerbe, die gemeinsame Kindererziehung, die Künste und die Wissenschaften würden in seiner Utopie genossenschaftlich betrieben. Auch für Fourier war die (Erwerbs-)Arbeit für alle, unabhängig von Alter und Geschlecht, eine Notwendigkeit. Sie dürfe jedoch keine Last, sondern müsse eine Lust sein, daher solle jede/r nur das arbeiten, was ihm oder ihr Spaß mache[41]. So weit eine der interessanten Theorien zur Vereinbarkeit von Liebe und Arbeit.

Lust-Realitäten

Heute verdient ein ganzer Wirtschaftszweig am Spiel mit der Treue. Online-Seitensprung- und Sexplattformen dürften zu den großen Gewinnern der Digitalisierung zählen, macht das Internet doch die Suche nach einem gleichgesinnten Sexpartner für alle möglichen Bedarfe zu einem Kinderspiel. Und wie schaut das Leben aus, wenn man es durch Vergnügen, Sinn und Lust anreichert? Zahllose Angebote aller Facetten versprechen Lust und Freude in frustrierenden Zeiten. Unter anderem existieren Dutzende Sexforen und Dating-Seiten. Die größte im deutschsprachigen Raum ist der sogenannte »Joyclub«.

Die Sex-Plattform Joyclub existiert in ihrer Grundversion seit 1999. Damals startete sie als reines Online-Forum für Interessierte, die sich über alle Themen rund um Sexualität austauschen und nebenbei auch Partner für unverbindlichen Sex finden wollten. 2005 wurde eine interaktive Webplattform aus dem Projekt, auf der zur Zeit rund 2,5 Millionen Mitglieder registriert sind. Man kann dort Texte veröffentlichen, Dating-Gesuche einstellen, einen Messenger nutzen, Videos und Fotos posten und sich in Interessensgruppen austauschen. Die Mitglieder bestehen nach Schätzungen des Unternehmens aus 40 % einzelnen Männern, 30 % einzelnen Frauen und 30 % Paaren. Dabei gibt es auch Doppelungen; viele Mitglieder haben für sich selbst auch noch auf anderen Portalen ein oder mehrere Profile. Manche Paare haben auch zusätzliche Einzelprofile, manche Einzelherren oder -damen haben gleichzeitig Paarprofile.

41 Notz, Gisela: »Theorien alternativen Wirtschaftens – Fenster in eine andere Welt«, theorie.org, print, Schmetterling Verlag, 2011.

Anfangs als »Swinger-Forum« bezeichnet, bietet der »Joyclub« heute allen sexuellen Spielarten Raum und ermöglicht Zugang zu spezifischen Informationen. Vom Objektfetisch über BDSM-Gruppen bis hin zum »klassischen« Fremdgeh-Angebot findet sich hier ein Querschnitt durch die Bevölkerung mit allen existierenden sexuellen Präferenzen. Die Betreiber haben ein engmaschiges Kontrollnetz, das sowohl den Datenschutz in den Blick nimmt als auch unerwünschte Auswüchse einzelner Mitglieder sowie illegale Vorgänge zeitnah identifizieren und beenden kann. So reguliert sich die Community weitgehend selbst, auf Umgangsformen wird allerdings viel Wert gelegt. Schwarze Schafe haben keine Chance. Für die Betreiber der Seite ist die Beschäftigung mit der Sexualität ihrer Mitglieder im deutschsprachigen Raum eine Herzensangelegenheit. Sie möchten durch den liberalen Umgang mit allen Gruppierungen ein Bewusstsein für die Normalität und Pluralität emotionaler und sexueller Bedürfnisse schaffen.

Auch viele verheiratete oder gebundene Menschen suchen auf Joyclub Kontakte. Gelegenheiten zu Seitensprüngen werden gesucht, Angebote werden gemacht.

»Wir sind nicht Oswalt Kolle« – Interview mit Nadine und Christian

Ich treffe die Marketingverantwortlichen des Joyclub, Nadine und Christian, in Leipzig. Die Büroräume der Werbeagentur sind großzügig, einladend und in frischem Design eingerichtet. Die Mitarbeiter im Support und bei der Mitgliederbetreuung grüßen während des Rundgangs entspannt und freundlich. Die Stimmung ist aufgeräumt und herzlich. Ich werde herumgeführt und erhalte erste Antworten. Christian und Nadine berichten von der Entwicklung des Unternehmens. Gerade Online-Portale, so erzählt Christian, seien auf das Goodwill der Suchmaschinen und auf Human Resources angewiesen, und gerade diese beiden Faktoren blieben den Joyclub-Machern oftmals noch verwehrt. Mit dem vermeintlichen »Schmuddel-Verein« Joyclub wollten manche Beschäftigungssuchende sowie auch viele der herkömmlichen Suchmaschinen nichts zu tun haben. Dennoch boomt die Agentur, neue Produkte werden derzeit entwickelt.

Beschreibt doch bitte einmal eure Firmenphilosophie:

Christian: »Bis vor einigen Jahren hatten wir noch den Anspruch, eine Botschaft zu vermitteln. Wir wollten den Leuten zeigen, dass Sexualität nichts Schmuddeliges oder Heimliches sein muss. Sie ist in allen Facetten normal und natürlich. Das wollten wir rüberbringen. Aufklären. Doch von diesem Anspruch sind wir inzwischen abgerückt. Es geht nicht, gegen jahrhundertealte Moralvorstellungen anzuarbeiten. Wir sind nicht Oswalt Kolle. Also versuchen wir einfach, unsere Mitglieder so glücklich wie möglich zu machen, die anderen bekehren wir nicht. Manche, auch Bewerber, die wir gerne im Unternehmen hätten, sagen, sie könnten hier nicht arbeiten. Unsere Arbeit sei von Gott nicht gewollt. Doch wir argumentieren: Was zweieinhalb Millionen Leute gut finden und wollen, das kann nicht ›gegen Gottes Willen‹ sein. Das kann nicht falsch sein. Also machen wir einfach weiter. Die Anmeldezahlen geben uns recht.«

Nadine: (lacht) »An manchen Tagen wünschen wir uns aber schon, wir würden Taschentücher herstellen oder Tassen bedrucken. Dann nervt das ständige Angehen gegen Widerstände. Doch das ist wohl überall so. Und wir arbeiten gern hier.«

Was sind eurer Auffassung nach die Beweggründe, was sind die Antriebe für eine Registrierung beim Joyclub? Zieht eure Seite Fremdgänger an?

JC: »Es gibt seltener einen direkten Vorsatz. Die Leute sagen nicht: ›Ich will fremdgehen.‹ Oft kommen die Menschen über verlinkte Spezialthemen zu uns. Das ist dann sehr situativ, aus einem momentanen Bedürfnis heraus. Viele sagen: ›Ich möchte mal schauen, was es so alles gibt.‹ Andere möchten Leute in der Nähe kennenlernen. Manch einer sucht nach Sextoys, Pornografie oder einem anderen Thema und landet bei uns. Dort stellen dann manche fest, dass sie nicht allein mit ihren Interessen sind. Viele bleiben, weil sie hier Antworten auf ihre Fragen bekommen und darüber hinaus auch merken, dass es nicht nur ihnen alleine mit ihrem Thema so geht. Sie finden Kommunikation und Verständnis, aber auch spannenden und aufregenden Austausch und neue Freunde oder Sexpartner.«

Wie hoch ist der geschätzte Anteil der Fremdgänger im Joyclub?

Nadine: »Das ist eben deswegen schwer zu schätzen. Reine Zahlen kann man da nicht in zuverlässiger Weise ermitteln. Manch einer gibt zu, dass er oder sie aus einer bestehenden Beziehung heraus einen Seitensprung sucht. Bei anderen ist das versteckter. Wir können bestenfalls nach dem Ausschlussverfahren vorgehen. Jemand, der ›Polyamor‹ oder ›Offene Beziehung‹ ins Profil schreibt oder sich als Swinger mit Möglichkeit zum Partnertausch einträgt, ist wohl eher kein Fremdgänger. Schließlich hat er oder sie ja einen oder mehrere Partner und ist bereit, diesen sexuelle Kontakte zu anderen zu erlauben. Den meisten ist aber einfach wichtig, dass es unkompliziert zugeht, egal, ob Fremdgänger, Swinger oder Single.«

Welche würdet ihr als die vorrangigen Motive fürs Fremdgehen bezeichnen?

Christian: »Die Leute suchen Abwechslung, ein Abenteuer, haben Langeweile oder fühlen sich nicht genug beachtet. Das ist ganz unterschiedlich. Manche haben ernsthafte Probleme zu Hause, über die sie mit niemandem reden können. Andere möchten sich in ihrer Attraktivität bestätigen lassen. Letzteres gilt besonders für Frauen. Viele der Frauen im Joyclub genießen es, Komplimente zu bekommen und sich für das anerkannt zu wissen, was sie ausmacht.«

Nadine: »Andererseits sind sie passiver, sie möchten eben nicht den ›Schlampen-Stempel› aufgedrückt bekommen. Also geben sie sich reservierter, wollen nicht so leicht zu haben sein. Männer suchen auch nach Anerkennung, aber sie gehen expliziter auf direkte Kontakte zu. Da sind natürlich auch Singles dabei, die gern Sex hätten, aber nicht unbedingt eine Beziehung anstreben.«

Suchen die Menschen bei euch einen Partner, vielleicht, um aus der bestehenden Beziehung auszubrechen?

Christian: »Nein, das sehen wir nicht so. Es besteht meist ein Informationsbedarf zu einem bestimmten Thema. Woher das kommt, ist eben immer unterschiedlich. Wir glauben nicht, dass Leute durch ein Abenteuer einen neuen Partner suchen. Mag sein, dass zwischen den Paaren nicht darüber geredet werden darf, was der eine oder die andere will. Oder dass man darüber gesprochen und der Partner negativ reagiert hat. Wenn zum Beispiel ein Bi-Interesse beim Mann besteht, finden das viele Frauen nicht gut. Wenn ein Mann das dann mehrmals thematisiert hat und immer wieder auf Granit gebissen hat, stillt er seinen Informationsbedarf eben woanders und landet unter Umständen bei uns. Das gilt natürlich auch für alle möglichen anderen Themen von Pornografie über Transgender-Themen bis hin zum Fetisch.«

Sollten Paare also offener über ihre Themen sprechen?

Christian: »Um das auszuhalten, was der andere als Thema, Wunsch oder Bedürfnis in eine Beziehung einbringt, muss man schon ein bisschen reflektiert sein. Die Beziehung ist nicht schlecht, wenn man auf das Geständnis des Partners ›Schatz, ich steh auch auf jemand anderen‹ schockiert reagiert. Das hängt eben vom Selbstwertgefühl und der Reife ab. Aber besser ist es schon, wenn man offen reden kann.«

Nadine: »Wir sehen das an den Paaren, die sich hier im Joyclub gefunden haben. Die wissen schon vorher, was der andere sexuell oder emotional mag und was nicht. Das steht nämlich im Profil. Man muss nicht rätseln oder lange herumprobieren. Wenn einer Kuschelsex mag und der andere auf SM steht, wird es in manchen Bereichen schwierig sein, das zu vereinbaren. Im Joyclub ist das sofort klar, in Beziehungen kommt das oft erst nach Jahren raus. Manche Paare nutzen den Joyclub auch als Bildergalerie. Die sehen sich dann zusammen Filme oder Fotos an und erzählen sich, was sie mögen. So kommen sie ins Gespräch.«

Christian: »Deswegen ist es auch keine wirkliche Lösung, sich zum heimlichen Fremdgehen ›don't ask, don't tell‹ zu verabreden. Da erfährt man ja dann auch wieder nichts über die Vorlieben des Partners.«

Eine etwas komplexe Frage zum Schluss: Spielt es eine Rolle, WIE man fremdgeht? Es gibt ja sehr rustikale Arten der Bedürfnisbefriedigung, Stichwort »Parkplatztreff«. Andere sind hoch emotional oder rituell aufgeladen, Stichwort S / M. Welchen Einfluss hat die Art und Weise der emotionalen Aufladung für die eigene Bewertung eines Seitensprungs?

Christian: »Das ist wirklich eine schwierige Frage. Natürlich stimmt das so: Wenn man sich auf einem Parkplatz zum Sex trifft, dann kann man sagen: ›Das war ja nur Sex! Das hat nichts zu bedeuten.‹ Auf der anderen Seite stehen dann die Leute, die z. B. in S/ M- oder BDSM-Beziehungen ihre Lust ausleben. Hier haben die ›50-Shades-of-Grey‹-Bücher und Filme für einen wahren Boom gesorgt.«

Nadine: »›BDSM für Anfänger‹ ist unsere aktivste Gruppe. Die Verbindung zwischen dem dominanten und dem submissiven Teil der Beziehung scheint auf den ersten Blick sehr exklusiv zu sein. Hier kommen Emotionen ins Spiel. Sie sind verschlüsselt. ›Dieser Dom hier begehrt nur mich. Dafür muss ich eben Schmerzen erleiden.‹ Auf der anderen Seite darf der Dom seine Befriedigung aus dem Machtgefühl beziehen, das er im besten Fall genießt.«

Und nicht zuletzt ist »50 Shades of Grey« eine wunderbare Liebesgeschichte. Da geht es um eine tiefe emotionale Bindung. Vielen Frauen fehlt das Begehrtwerden in ihrer Beziehung oder im Alltag. Das unbedingte Einlassen auf ihre Person. In »50 Shades of Grey« wird eine zutiefst romantische Geschichte erzählt, verpackt in leichte sexuelle Gewaltphantasien. Das ist natürlich reizvoll.

Christian: »Jeder Pol, ob Mystifizierung oder Profanisierung, hat einen besonderen Reiz und relativiert das Fremdgehen. Sex ganz ohne Gefühl ist für manche der Kick, Sex mit ganz viel Gefühl für andere. Was man auch zu Hause hat, sucht man ja im Joyclub nicht unbedingt ebenfalls auf.«

Vielen Dank für das Gespräch!

12. Erziehung zur Treue

Untreue muss nicht zur Trennung führen, wenn Paare anfangen, sich wie Erwachsene zu behandeln.

Das treiben wir dir schon noch aus!

Wer erzieht, liebt auch – irgendwie. Dass die Liebe zum Kind für Erzieher und Lehrer eine Grundvoraussetzung darstellen sollte, ist ein Prinzip, das zwar von Gegenbeispielen misanthroper Pädagogen mitunter erschüttert, generell aber nie wirklich angezweifelt wird. Wer mit Liebe erzieht, erzieht besser, ganz klarer Fall. Doch auch dieses Postulat ist nicht so alt wie die Welt, sondern wurde mit dem Entstehen der bürgerlichen Familie und deren Bedeutung von Bildung kultiviert, in der Kinder nicht nur einfach so mitliefen oder in der Ausbildung gebogen und geschliffen werden sollten, sondern aktiv liebevolle Aufmerksamkeit genossen. Vorher war so etwas wie bewusste Erziehung in den meisten Bevölkerungsgruppen überhaupt nicht verbreitet.

Optimieren und lieben – Liebe optimieren?

In der 2007 erschienenen Studie »Theorien alternativen Wirtschaftens«[42] geht es um den Zusammenhang von Liebe und Pädagogik. Hier versucht die Autorin den Zusammenhang zwischen Erziehung und Liebe unter dem Aspekt der Phasen pädagogischer Arbeit zu analysieren. In diesem Kapitel meines Buches, das auf die Studie Bezug

42 Notz, Gisela: »Theorien alternativen Wirtschaftens – Fenster in eine andere Welt«, theorie.org, print, Schmetterling Verlag, 2011.

nimmt, wird die Umkehrung zu beweisen versucht. Nicht nur Erziehung funktioniert mit Liebe – auch in der Liebe wird erzogen. Auf den unterschiedlichsten Ebenen versuchen Paare, sich gegenseitig zu beeinflussen, erwünschte Gewohnheiten zu verstärken und unerwünschte auszumerzen. Strafe, Belohnung, Nichtachtung und Liebesentzug bilden den ganzen pädagogischen Katalog von »unbedenklich« bis »rabenschwarz« ab. Seichter führt an, »… dass in der Liebe zu einer Person die Person zu sich selbst kommt, ihre Personwerdung vollzieht und ihr eigenes, inneres Sein, also ihr Selbstverständnis, konstituiert«. Dieser Satz, der sich im Ursprung auf die pädagogische Zuwendung bezieht, ist auf die Liebesvorstellung der westlichen Welt übertragbar. Vom Kugelwesen an galt die Maxime: »Erzieh mich zu dem, was ich eigentlich bin. Mach mich zu dem Menschen, der ich sein will.«

Bei diesem Ansinnen sind viele Partner gern behilflich. Seit es den Begriff »Erziehung« überhaupt gibt und sein Potential erkannt wurde, trachten Partner danach, ihre Lieben zu dem zu formen, was der Beziehung ihrer Ansicht nach am besten bekommt. Was dazu notwendig sei, darüber gibt es die unterschiedlichsten Ansichten. Was Frauen beispielsweise fürs gute Leben wissen müssen, benennt Molière in seiner Komödie »Die gelehrten Frauen« so: »Eine Frau besitzt des Geists genug, wenn sie ein Wams von einem Beinkleid unterscheiden kann.« Dieses Zitat verwendet Stendhal in seinem Werk »Über die Erziehung der Frauen« und macht klar, was deren Rolle in der Ehe sei. Mit Blick auf die Vorteile für den Erhalt der bürgerlichen Ehe glaubte er, den Schlüssel zum Glück in der Beschränkung des weiblichen Zugangs zu umfassender Bildung gefunden zu haben.

»Drittens: Bei allem unseren Dünkel sind die Ratschläge der notwendigen Lebensgefährtin von größtem Einfluss auf unsere kleinen inneren Angelegenheiten, von denen unser Glück vor allem abhängt, weil das Glück in Ermangelung von Leidenschaften in der Vermeidung der kleinen alltäglichen Widerwärtigkeiten beruht. Keineswegs wollen wir der Frau irgendwelchen Einfluss einräumen, aber sie wiederholt zwanzig Jahre lang die gleichen Dinge, und welcher Mensch hat die

Standhaftigkeit eines Römers, einem immer wiederkehrenden geistigen Einfluss sein Leben lang zu widerstehen? Die Welt wimmelt von Ehemännern, die sich leiten lassen, aber aus Charakterschwäche, nicht aus Gefühl für Gerechtigkeit und Gleichheit.«[43]

Offenbar waren Männer im aufkommenden Bürgertum grundsätzlich von Erschöpfung und Besorgnis getrieben. Die auslaugende Beanspruchung in der Arbeitswelt wollten sie gern durch liebevolle, aber einfältige Pflege ohne Widerspruch am heimischen Kamin ausgeglichen wissen. Grundlage für die von Stendhal formulierte Forderung ist die Angst, die gewitzten Frauen könnten auf dumme Gedanken kommen und die gewonnene Bildung womöglich gegen die Männer anwenden. »Aber das wenige, das sie unglücklicherweise an Bildung erhaschen, wenden sie gegen uns an«, werden gewisse Ehemänner sagen. Kein Zweifel. Napoleon hatte sehr recht, als er der Nationalgarde keine Waffen gab. Wenn wir einem Menschen Waffen geben und fortfahren, ihn zu unterdrücken, so werden wir es erleben, daß er diese Waffen gegen uns zu gebrauchen wagt.« (Stendhal, ebd.)

Wer sich hier über diese Anmaßung und Geringschätzung eines selbstgewissen Mannes empört, dem kann als Kontrast der Anspruch vorgestellt werden, den eben die heutigen Frauen an ihre Männer richten und der ebenso anmaßend anmutet. Waren es damals die Männer, die sich selbstgefällig zu Hütern von Wissen und Weisheit aufschwangen, beweisen heute viele Frauen ebenso zweifelhafte Qualitäten. Es gibt wohl tausende Artikel in einschlägigen Internet-Veröffentlichungen, in denen Frauen nach Tipps fragen (oder sie geben), wie man wilde oder faule Ehemänner zähmen oder eben auf Trab bringen könne. Das Bestreben, den Lebenspartner durch Erziehung zum Mündel zu machen, ist keineswegs auf eines der Geschlechter begrenzt. Heute wird gern die vermeintlich mangelnde Ordnungsliebe der Männer bemängelt, ihr nicht ausreichendes Gesundheitsbewusstsein, die fehlende Sauber-

43 Seichter, Sabine: »Pädagogische Liebe: Erfindung, Blütezeit und Verschwinden eines pädagogischen Deutungsmusters«, Schöningh, Paderborn; Auflage: 1, 2007.

keit, die Schweigsamkeit. In solchen Foren wird unter anderem aber auch erörtert, wie man beziehungsunwillige oder -unfähige Herren zur Treue erziehen könne. Interessanterweise gibt es bedeutend weniger Blogs zum Thema, wie untreue Frauen durch gekonnte pädagogische Kniffe in Schach gehalten werden könnten. Dass Frauen weniger zur Untreue neigen, ist statistisch wirklich nicht deutlich genug haltbar, um das beschriebene Ungleichgewicht zu erklären. Offenbar ist vielmehr den Frauen das Erziehen so in Fleisch und Blut übergegangen, dass sie annehmen, dass das, was bei den Kindern funktioniere, auch beim Ehemann glücken könne.

Wer erzieht hier wen?

Nach der Lektüre etlicher dieser Blogs und Artikel kommt man aber zum Schluss, dass sich selbst hinter den drastischsten Ausformungen der Übergriffigkeit (wie beispielsweise auf frauenzimmer.de: »So erziehen Sie Ihren Mann wie einen Hund!« – schlechtes Verhalten ignorieren, gutes Verhalten loben) leider doch nur Selbstkasteiung verbirgt.

Der Anspruch, den Partner durch ausgebuffte Tricks zur Verhaltensänderung zu bringen, zur Treue womöglich, ist zum Scheitern verurteilt. Am Ende kommt nur Selbsterziehung dabei heraus, womit sich das ambitionierte Ansinnen mit feministischem Anstrich selbst parodiert. Beispiel hierfür soll ein Artikel sein, der in der Internet-Postille »Huffpost« im Juni 2017 erschien. »Zehn Tipps, wie Sie einen Scheißkerl zähmen.« (Dass man sich mit einem »Scheißkerl« erst gar nicht abgeben sollte, weil man von ihm schon dem Namen nach nichts Gutes wird erwarten können, steht offenbar nicht zur Debatte, spricht aber für die Theorie, dass das Thema »Untreue« ein systemisches ist.) Einige dieser zehn Tipps sollen hier zusammengefasst kurz vorgestellt werden. Schnell wird klar, was der eigentliche Hintergrund des Artikels ist. Wer versucht, seinen Partner (in spe) durch Tricks zu erziehen, erzieht sich im Grunde selbst – und zwar zum Negativen:

»Gelassenheit« Männer mit üblen Manieren sollten – laut Huffpost – nicht zu spüren bekommen, dass eine Frau an ihnen interessiert sei oder sich an ihrer Tölpelhaftigkeit störe. Dezentes Desinteresse solle ihn glauben machen, die betreffende Frau sei seinem schlechten Benehmen gegenüber vollkommen gleichgültig. Man könnte es auch mit **Ignoranz** übersetzen. Ignorant soll frau sich dem Mann mit schlechten Manieren gegenüber verhalten. Ebenso ignorant soll sie wohl auch dem eigenen Interesse gegenüber sein, anständig behandelt zu werden.

»Vergleichen verboten« rät die Huffpost der erziehungswilligen Frau. Der Mann schwärmt rücksichtslos von anderen, prahlt und gibt an wie ein Silberrücken auf dem Affenfelsen? Die Frau solle keine Miene verziehen, rät der vermeintliche Psychologe. Hier wird statt der erwartbaren Wut einfach **»Tapferkeit«** gefordert, der unvermeidlichen Konkurrenz auf dem hart umkämpften Dating-Markt die Stirn zu bieten, aller Eifersucht und allen Selbstzweifeln zum Trotz. Grobe Unhöflichkeit müsse in Kauf genommen werden, wenn man einen Mann für sich gewinnen wolle. (Dating ist schließlich, so könnte man meinen, kein Spaß, sondern harte Arbeit.) *»Indirekte Verführung«* Huffpost macht hier eine Rückwärtsrolle in die 50er-Jahre. Man könnte das auch den **»Häschen-Trick«** nennen. »Unaufdringlich und angenehm« solle die Frau sein, eine dezente Begleiterin. Stendhal hätte seine Freude daran. Unsichtbar und versteckt solle die Frau auf Männersuche agieren, so empfiehlt die Huffpost. Das wecke den Jagdinstinkt im Manne. Ob man damit einen Mann zur Treue erzieht oder sich selbst zum Hasen macht, mag jeder für sich selbst entscheiden. Nach dem Strickmuster der Huffpost funktionieren viele Psycho-Ratgeber, die insbesondere Frauen suggerieren, sie könnten durch ihr eigenes Verhalten eine Eigenschaft beim Partner verändern, ihn also zu einem besseren Menschen erziehen. Gemeinsam ist allen Tipps, dass sich die Frauen damit selbst zu einem schlechteren, zumindest aber zu einem weniger selbstbewussten Menschen erziehen, der im besten Fall das Spiel »Rate, warum ich sauer bin« bis zur Perfektion beherrscht, aber dadurch niemals glücklich wird. Feedback ist ein Geschenk – auch negatives. Men-

schen, die sich heimlich und im Verborgenen zu erziehen versuchen, üben eine Manipulation am Partner aus, die dieser zu Recht unzulässig finden und die in den seltensten Fällen Erfolg haben wird. Deswegen sind Psycho-Ratgeber zum Bändigen, Zähmen oder Ermuntern stets mit Vorsicht zu genießen. Paare werden aus erwachsenen Menschen gebildet. Auf dieser Erwachsenenebene sollten die kommunikativen Transaktionen stattfinden, die das Miteinander prägen.

13. Eine Psychologie des Fremdbegehrens

Untreue muss nicht zur Trennung führen, wenn Paare die Plastizität ihres Denkens anerkennen und begreifen, dass Menschen in unterschiedlichen Lebensphasen unterschiedliche Bedürfnisse haben.

Was ist denn bei dir kaputt?

Vorbemerkung: Es gibt sie nicht »die Psychologie«. Deswegen kann hier auch nur ein winziger Teil beleuchtet werden. In den derzeit erhältlichen Sachbüchern und Ratgebern werden von tiefenpsychologischen Ansätzen bis zur kognitiven Verhaltenstherapie alle denkbaren Disziplinen auf das Phänomen der Untreue angewendet. Da geht es unter anderem um Dissoziation, Projektion, Triangulierung, Sublimierung, Kontrolle und Trieb. Hier soll aber kein weiterer Erklärungsversuch unternommen werden. Vielmehr soll dargelegt werden, dass die Psychologie in ihren Unter- und Teildisziplinen allein niemals das Problem der Untreue wird lösen können. Sie ist dazu ebenso wenig in der Lage wie die Pädagogik allein oder die Philosophie allein, die Politik allein oder die Medizin allein. Alle Disziplinen zusammen aber prägen den Blick auf das Phänomen »Fremdbegehren«.

Insbesondere Autoren (und Autorinnen) aus dem US-amerikanischen Raum haben eine besondere Art, das Thema zu beleuchten. In Deutschland kommen ihre Perspektiven vielfach hervorragend an. Der Diskurs über das Phänomen Untreue, wie er derzeit in Medien, Zeitschriften und Ratgeberbüchern geführt wird, beschränkt sich stark auf den dort ausformulierten Aspekt der seelischen Verletzung im Seitensprung sowie Heilungsansätze, nicht selten pädagogisch begründet.

Wer fremdgeht, muss sich oft von selbstberufenen oder ausgebildeten Psychologen die staunend vorgetragene Frage gefallen lassen: »Warum bist du nur SO?« Häufig werden auch Spekulationen darüber angestellt, was mit dem Fremdgänger oder der Untreuen seelisch im Argen liegen möge, dass er oder sie zur Treue nicht fähig sei, der derzeitige Modebegriff »beziehungsunfähig« ist schnell bei der Hand. In dieser Diktion wirkt es bisweilen, als sei die Treue eine reine Willensentscheidung wie die Mäßigung beim Essen, die Lust auf Sport oder der Verzicht aufs Rauchen. Bei den beiden Beispielen »Rauchen« und »Essen« wird den von »Lastern« betroffenen Menschen auf der Stelle klar, dass es nicht nur um den Willen allein geht, sondern auch um die Umwelt, die Gewohnheiten, gelernte Mechanismen und innere Belohnungssysteme. Genau so, das ist die zu belegende These, ist es bei der Untreue auch.

Insbesondere der oder die durch die Untreue verletzte PartnerIn fragt: »Warum bist du nicht stark genug für eine treue Beziehung?« Oder aber auch: »Warum bin ich nicht gut genug für dich?« Dies jedoch degradiert den Untreuen zum charakterlichen Schwächling, der das gemeinsame Ziel, nämlich die lebenslange Exklusivität des Körpers oder der Emotionen, einfach nicht zuwege gebracht hat – ein Irrläufer, der sich nicht im Griff hat. Der oder die Betrogene fällt durch solche Zuschreibungen der Illusion anheim, er oder sie hätte irgendeine Art von Prävention betreiben können.

Welche Neurose darf es denn sein?

Die amerikanische Ratgeber-Autorin Shirley P. Glass macht zur Untreue einen ganzen Fächer möglicher psychologischer Ursachen auf. Sie bietet ein Brevier verschiedenster psychischer Störungen an, das auf den oder die Untreue zutreffen könnte. Von narzisstischer Persönlichkeitsstörung über Bindungsangst, unsicherer Bindungserfahrung bis hin zu Sexsucht, sexuellem Missbrauch in der Kindheit und antisozialem Verhalten kann sich die Leserin des Buches nach eigenem Gutdünken aussuchen, unter welcher Störung der treulose Partner wohl leiden möge. (Das Buch richtet sich an Frauen. In überwiegender Zahl gestalten sich die Fallbeispiele in Glass' Buch so, dass die Frauen betrogen werden, sodass sich weibliche Leser identifizieren.) Das Buch wird hier als Beispiel zitiert, weil es so typisch für die amerikanische (und teilweise auch deutsche) Ratgeberliteratur in oftmals weiblicher Autorenschaft zum Thema steht.

Dabei ist das erwähnte Buch von Shirley P. Glass durchaus eine der intelligenteren und komplexen Veröffentlichungen. In »Die Psychologie der Untreue« versucht sie, Muster zu identifizieren, die zu emotionaler und sexueller Untreue führen können. Sie analysiert verschiedene Arten des Seitensprungs und entschlüsselt einige Mechanismen, die Partner dazu führen können. Die Kulturmuster unserer Gesellschaft beleuchtet sie ebenfalls, allerdings nur am Rande. »Die Ironie dabei ist, dass wir in einer Kultur leben, die sich zum Wert der Monogamie bekennt, gleichzeitig jedoch die Monogamie untergräbt, indem sie verbotene Liebesaffären verherrlicht und den sexuellen Kitzel kommerzialisiert. In genau der gleichen Weise wird Schlanksein idealisiert, während gleichzeitig Junk Food angepriesen wird.«[44] Ein kluger Gedanke. Er ändert nichts daran, dass die Monogamie in ihrer bestehenden und erprobten Form durch die Ausführungen der Autorin in ihrer bestehenden Form manifestiert und bestätigt werden soll. Glass sucht nach Wegen, die Untreue auszumerzen – wie unzählige Autorinnen und Autoren vor ihr. Das liegt mutmaßlich an ihrer Leserschaft, die zu überwiegendem Anteil aus betrogenen Frauen bestehen mag, die Bestätigung finden wollen. Und diese Ideen sehen eben so aus, dass die gute Vorstellung (dauerhaft treue Beziehungspartner) moralisch gewinnt, während die schlechte Vorstellung (eine/r geht fremd) durch

44 Stendhal: »Über die Liebe – überarbeitet, eingeleitet und kommentiert von Arthur Schurig«, Hofenberg, BoD, Norderstedt, 2016, S. 208.

psychologische Deutungen wegerklärt und die Verantwortung für das vermeintliche Fehlverhalten auf einen Beteiligten übertragen wird. Dieser hat dann die Aufgabe, die eigene Schuld durch kompensatorisches Wohlverhalten und Anpassung zumindest teilweise abzubauen und ein weiteres Funktionieren der Beziehung in ihrem vorherigen Zustand zu ermöglichen.

Pikantes Kopfkino, wohliger Grusel?

Die Autorin beschreibt ausführlich, auf welchen rutschigen Planken man in eine Affäre schlittern kann. Dies beschreibt sie anschaulich anhand von Beispielen. Die Autorin gibt nach dieser schmerzlichen Konfrontation mit der von ihr skizzierten Wirklichkeit pragmatische Tipps, wie man sich am besten vor derlei Verletzungen schützt. Tipps finden sich zu Dutzenden im Buch. Nicht nur präventiv, sondern auch für die Zeit nach dem Seitensprung legt sie ganze Checklisten an, die ihre Leserinnen abarbeiten können. Sie begleitet also als therapeutische Instanz in Fernsteuerung die Bewältigungsprozesse »ihrer« Paare. Während der erste Tipp zur Bewahrung ehelicher Treue noch ganz im Sinne der These dieses Buches ist, Glass' Bücher werden meist von Betrogenen konsumiert. Die Untreuen selbst lesen es vermutlich nicht. Die Tipps sollen also von den Betrogenen an die Betrüger weitergegeben werden. Das ist natürlich ganz in deren Sinne – auf diese Ratschläge wären die Betrogenen vermutlich auch selbst gekommen. Betrachten wir ihre Tipps konkreter.

Tipp I: »Machen Sie sich bewusst, dass es normal ist, andere Menschen anziehend zu finden.« Andere Menschen anziehend zu finden, ist keine zähneknirschend zu akzeptierende Schwäche des menschlichen Wesens, sondern eine Voraussetzung dafür, in neugieriger und wohlwollender Weise auf die Welt zuzugehen. Unangenehme, hässliche Nervensägen gibt es in ausreichender Zahl. Sollte man sich allen Ernstes untersagen, die Hübschen und Angenehmen als solche zu erkennen und zu achten? Ein gewisser Eros ist in vielen täglichen Situationen spürbar, nützlich und angenehm. Er ist vollkommen normal und sorgt dafür, dass das Leben Spaß macht. Wozu darauf verzichten? Der zweite Tipp der Autorin mutet noch strenger an.

Tipp II: »Erlauben Sie sich selbst keine Phantasien darüber, wie es mit einem anderen Partner wäre.« Hier beginnt eine Selbstdisziplinierungsforderung, die man als relativ unrealistisch bezeichnen dürfte, nach dem Motto: »Denken Sie nicht an einen rosa Elefanten!« Schon ist er da, der Elefant. Es gibt wohl niemanden, der noch nie die Option im Kopf bewegt hätte, mit jemand anderem verheiratet oder liiert zu sein als mit dem Partner. Über Alternativen nachzudenken ist weder untreu noch gefährlich.

Selbst der Gedanke an eine oder einen andere/n beim Sex scheint aus der Sicht anderer Experten keine wissenschaftlich erwiesene Untreue zu sein. Der Paartherapeut Wolfgang Schmidbauer, einer der renommiertesten Fachleute auf diesem Gebiet in Deutschland, sagt dazu: »(…) Wenn sie beim Sex an andere Männer denkt, tut das keinem weh und kann sogar zu beider Vergnügen beitragen. Gefährlich wird es erst, wenn sie den Ton zu ihrem Kopfkino nicht abschalten kann und einen falschen Namen flüstert.«[45] Viele Männer und Frauen haben heimliche Phantasien, die sie zeitlebens für sich behalten und damit niemandem schaden. Menschen sind mental unordentliche Wesen mit einem mächtigen Unterbewusstsein. Sie träumen und phantasieren von anderen, spielen in Gedanken alle möglichen Ideen durch. Während der eine vielleicht phantasiert, Hugh Hefners Nachfolge in der Playboy-Villa anzutreten, träumt sich die andere in die Arme einer exotischen männlichen Schönheit. Manche Männer phantasieren heimlich davon, einmal Sex mit einem Mann zu haben, und Frauen davon, mehrere männliche Sexpartner gleichzeitig zu haben. Das ist normal und keineswegs pathologisch. Mit missionarischem Eifer klinische Sauberkeit in das Chaos der Gedanken und sexuellen Lüste zu bringen, ist aussichtslos, denn von vielen ihrer eigenen Gelüste wissen Menschen nur wenig. Huey Lewis, der amerikanische Sänger, der mit seinem Hit

---

45 Glass, Shirley P.: »Die Psychologie der Untreue«, Klett-Cotta, Stuttgart, 2015, S. 319.

»Stuck with you« in den 80er-Jahren geradezu eine Hymne der Monogamie schuf und nicht unbedingt als sexueller Revoluzzer gilt, dichtete in dem Song diese Zeile: »We thought about someone else, but neither one took the bait – We thought about breaking up, but now we know it's much too late«, und gab einfach einmal zu, dass das Denken an andere nicht ungewöhnlich, sondern normal ist.

Tipp III: »Flirten Sie nicht!« So lautet der nächste Tipp. Vermutlich gilt er nicht für alle Länder der Welt. Dass ein Flirt ausnahmslos sexuell konnotiert ist und deshalb im Sinne der Selbstregulierung zu unterlassen sei, sehen beispielsweise viele Franzosen, Italiener oder Spanier (männlichen wie weiblichen Geschlechts) vollkommen anders. Alain Xaver Wurst beschreibt in seinem Buch »Zur Sache, Chérie«[46] die unterschiedlichen Kommunikationsstrukturen, die bereits zwischen benachbarten Nationen wie Franzosen und Deutschen spürbar werden. Wurst nennt das »soziale Kontrolle«. »Diese soziale Kontrolle schlägt sich natürlich auch in der Flirtkultur nieder. Sie nistet sich in den kleinsten Details ein, ganz unauffällig und doch sehr wirksam. Ziel ist es, wie schon gesagt, alles, was mit Flirten, Anbaggern, Sex zu tun hat, in die Ecke ›Falsch‹ unseres Gehirns einzuordnen. Dafür ist die deutsche Öffentlichkeit sehr einfallsreich«, und weiter (S. 74): »(…) Die zweite Ursache ist in der Tat der Protestantismus, der wegen der Dramatisierung von Innerlichkeit auch eine wichtige Rolle spielt. Gefühle werden nur akzeptiert, wenn sie tatsächlich empfunden werden – und nicht ihre Simulation und das Spiel.« Das Flirten zu verbieten würde vielen Menschen den Spaß an ihrem Alltag verderben. Flirten bedeutet nicht immer die Einladung zu einer sexuelle Begegnung, sondern ist auch eine kommunikative Interaktionsform, die als Kulturtechnik bezeichnet werden könnte und insofern zum gelingenden menschlichen Miteinander beitragen kann. Sie ist in unterschiedlichen Regionen der Erde unterschiedlich weit verbreitet. Manche Menschen haben dazu Talent und manche nicht. Manche mögen es, Komplimente zu verteilen

---

46 Schmidbauer, Wolfgang, in: »Zeit online«, »Liebeskolumne«, 24. März 2011.

und Komplimente zu bekommen. Andere tun sich damit schwer. Manche sind kokett, andere nicht. Die Koketten, Wortgewandten und Charmanten in einer beständigen Gefahrenzone für außereheliche Fehltritte zu wähnen hat m. E. neurotische Züge.

Tipp IV: »Vermeiden Sie riskante Situationen.« Welche Situationen sind riskant? Die Betriebsweihnachtsfeier? Ein Drink an der Bar? Eine gemeinsame Fahrt im Auto? Auch das ist Definitionssache und hängt von unzähligen Faktoren ab. Ist zu erwarten, dass an der Bar zwangsläufig ein eindeutiges Angebot vonseiten einer überaus interessanten Person erfolgt, mag diese im Sinne der sexuellen Treue ein Risiko sein. Die Autofahrt mit der Lieblingskollegin, mit der man gern über den Rest der Belegschaft tratscht, ist ebenso wenig per se riskant und die Betriebsweihnachtsfeier auch nur dann, wenn mehrere latente Faktoren im Gepäck sind. Glass schreibt ein ganzes Kapitel über die »Gefahrenzone Arbeitsplatz«, an dem im Feuereifer gemeinsam zu bearbeitender Projekte die Euphorie der Produktivität mit sexueller Aufladung »verwechselt« würde und zur Katastrophe führen könne. Was bedeutet das konkret? Um das Risiko gering zu halten, sollten Werktätige möglicherweise generell weniger Freude an der Arbeit haben, dem Job geschlechtergetrennt nachgehen oder am besten direkt lebenslanges Home-Office beantragen?

Danger zones

Pauschale Risikovermeidung bringt überhaupt nichts, wenn man das Leid durch Untreue vermeiden möchte. Natürlich spricht nichts gegen die Kontrolle des eigenen Verhaltens und eine gewisse Selbststeuerung. Erwachsene Menschen sind aber meist grundsätzlich in der Lage, eine Situation, die ihre Souveränität und Standhaftigkeit erfordert, zu identifizieren. Zugegeben: Es gibt das Bild der narzisstischen Persönlichkeitsstörung. Es gibt sie, die Sexsucht und die Bindungsangst. All diese Diagnosen werden aber nicht durch Gefahren oder Versuchungen allein ausgelöst, sondern sind lange vorher latent vorhanden und werden in vielen alltäglichen Zeichen sichtbar. Sie haben ihre Wurzeln in der Sozialisation und der Prägung auf erotische Orientierung, Neigung und Präferenz. Den notorischen Lügner hat man – wenn man den selbst gebastelten Diagnosen Glauben schenken will – geheiratet, den Sexsüchtigen viele Jahre im Bett gehabt. Hier soll keine Schuld auf die betrogenen Partner abgewälzt werden. Als LebenspartnerIn weiß man oft nicht so genau, was im sexuellen Spektrum des Partners herumspukt. Es hilft allerdings niemandem, wenn sich am Ende in einer Konstellation ein Opfer und ein Täter wiederfinden. Diese können ihre Rollen bestenfalls tauschen, aber eine schöne Beziehung werden Opfer und Täter niemals haben.

14. Fazit

Cure it yourself

Die Illusion, nach dem Seitensprung selbsttätig diagnostizieren zu können, was mit dem Betrüger seelisch nicht stimmt, um ihn dann in Heimtherapie zu einem anständigen Menschen zu erziehen, wird von vielen Experten aufrechterhalten. Psychologische Ratgeber mit konkreten Hinweisen orientieren sich an vermeintlichen menschlich-seelischen Defiziten und empfehlen Verhaltensänderung zur Vermeidung von Unfällen emotionaler Art. Doch vermehrte Regularien, noch mehr Gebote, Verbote und Defizitanalysen führen nur zu Schuldgefühlen, die in die gleiche Kerbe schlagen wie die Schuldvorstellungen, mit denen die Moraltheologie seit Jahrhunderten die Untreuen geißelt(e). Untreue führt zu schlimmen Schmerzen, das steht nicht zur Debatte. Doch dagegen helfen keinerlei Tricks. Weder Gebete noch Gebote noch psychologische Analyse werden je dazu führen, dass Menschen weniger untreu sind. Todesandrohung – ja. Sie mag helfen.

Menschen sind unberechenbare Wesen mit einer starken Tendenz, ihrer Lust zu folgen. Das ist im Grunde bekannt, denn Seitensprünge gibt es quer durch die Geschichte in gleichbleibender Weise, sind und waren durch nichts und niemanden vollständig auszumerzen. (Abgesehen von der Androhung der erwähnten drakonischen Strafen. Diese wiederum gelten in der Regel nur für weibliche Ehebrecher.) An dem Punkt, an dem die Lustorientierung auf die romantische Liebe trifft, entsteht ein Konflikt. Dieser Konflikt ist aber nicht nur ein psychologischer. Untreue ist in der romantischen Liebe als Sollbruchstelle eingebaut. Sie gehört zum Programm. Solange Menschen romantisch lieben, wird es die Gefahr des Treuebruchs mit den beschriebenen Konsequenzen geben.

Ganz besonders stark ist bei Frauen offensichtlich der Wunsch, ihre Beziehung auch und gerade nach einem Seitensprung neu auszuloten. 49,9 % sehen in einem offenen Gespräch die Chance, zu vereinbaren, wie sie mit dem Partner in Zukunft leben wollen. Leider sehen das die Herren mehrheitlich eher kritisch. 40,9 % sind der Meinung, ein offenes Gespräch führe zum Scheitern der Beziehung und sollte lieber geheim gehalten werden.
Quelle: Joyclub-Umfrage

Menschen sind vielseitig und flexibel

Die hier zu vertretende These sieht so aus: Die Treue im Menschen ist ebenso individuell und situativ ausgeprägt wie der allgemeine Antrieb, der Appetit, die Sportlichkeit oder die Kreativität. Manche sind manchmal treuer, manchmal weniger treu. Manchmal rufen Lebensphasen Eigenschaften hervor, die vorher nicht erkennbar waren, manchmal lassen sie diese verblassen. Manche Menschen fühlen sich manchmal fit für lebenslange Treue, manche manchmal nicht. In manchen sozialen Gefügen gedeiht Treue besser, in anderen schlechter. Manche sehen Untreue als dramatisch an, für andere gehört sie dazu. Manche Menschen sind extrem eifersüchtig, andere gar nicht. Daraus grundsätzliche Charaktermerkmale abzuleiten und damit die Schuldfrage in neuem Gewand wieder hervorzuholen, ist nicht nur nicht zielführend, sondern erschwert auch den Austausch über neue Perspektiven.

Systemisch betrachtet schließen sich monokausale und lineare Ableitungen per se aus. Gemäß der immer wieder überlieferten Systemiker-Anekdote, nach der ein Medizinmann eines Dorfes bei der Erkrankung eines einzelnen Stammesmitgliedes stets das ganze Dorf zur Behandlung zitierte, weil das System im Ganzen der Heilung bedürfe, sollte im Fall der Untreue das gesamte soziale System in den Fokus genommen werden. Am besten geschieht dies natürlich schon grundsätzlich in der Beziehungskommunikation. Gegenseitige Aufmerksamkeit und die Übermittlung von Absichten, Zielen und Hindernissen ist der einzige Schutz davor, im Fall einer Untreue in ein unendlich tiefes Loch zu fallen und am eigenen Platz in der Welt zu zweifeln.

Paare können die Untreue nicht bannen, aber sie können sie anders bewerten, ihr die Brisanz und Bedrohlichkeit nehmen. Verbote und Einschränkungen helfen dabei nicht. Die einzige intelligente Möglichkeit zum Umgang mit den wechselnden und wankelmütigen Lüsten von Männern und Frauen sind Informationen und Umsicht.

Hier soll noch einmal das Paradebeispiel für die Dysfunktion von Restriktionen zitiert werden, seien sie auch noch so psychologisch fundiert. In unnachahmlich eindeutiger Weise beschreibt dieses Beispiel, wodurch Verletzungen wirklich vermieden werden können.

Bohmte mahnt: Verbietet weniger, vertraut euch mehr!

Im Grenzgebiet zwischen Niedersachsen und Nordrhein-Westfalen gibt es eine Kleinstadt namens Bohmte. Dort ereigneten sich an einer bestimmten Kreuzung immer wieder schwere Unfälle durch hohes Verkehrsaufkommen. Die Zahl der Verbotsschilder erhöhte sich jährlich, um weitere Zusammenstöße und Verletzte zu vermeiden. Irgendwann war jeder Quadratmeter der Straße durchreguliert. Schilder, Blitzanlagen, Zebrastreifen und andere Hinweise sollten jedem Verkehrsteilnehmer detailliert vorschreiben, was er zu tun habe. Da konnte doch eigentlich nichts mehr schiefgehen! Weit gefehlt – die Zahl der Unfälle stieg sogar noch weiter an. Bis zu dem Tag, an dem sich die Gemeinde für das Konzept des »shared space« entschied. Alle Gebots- und Verbotsschilder, Fahrbahnmarkierungen und Parkverbotszonen wurden entfernt, Lichtanlagen wurden abgebaut. Ein erstaunliches Resultat stellte sich ein. Die Zahl der Unfälle nahm schlagartig ab. »Unsicherheit schafft Sicherheit«, so war die Prognose der Initiatoren gewesen. Genau das trat ein. Auf unbekanntem Terrain und mit unbekannten Menschen verhalten wir uns besonders aufmerksam und umsichtig. Diese Eigenschaft machten sich die Bohmter Stadtplaner zunutze.

Ebenso funktionieren Interaktionen und Transaktionen zwischen Partnern in ihrem sozialen System. Verlassen sie sich auf vermeintlich psychologisch oder konventionell fundierte Gesetzmäßigkeiten, funktionieren diese wie blinkende Ampelanlagen. (Von roten und gelben Ampeln, Grenzlinien und anderen Markierungen spricht Shirley P. Glass auch gern in ihrem Buch.) Ampeln sind drastische Mahner, bewirken aber unter Umständen und in bestimmten Konstellationen und Situationen nicht das gewünschte Resultat. Nur die Aufmerksamkeit, sich innerhalb des eigenen Systems auf Interaktionen mit den anderen zu verlassen, sich Zeichen zu geben und in kommunikativen Prozessen mitzudenken, verspricht weniger zahlreiche und weniger tragische Unfälle, auch im zwischenmenschlichen Bereich. Den Mut, sich auf den Partner und seine Kooperation zu verlassen, muss man natürlich erst einmal haben. Wer seinem Partner nicht zutraut, im Fall der Fälle das entsprechende Zeichen zu geben, oder wer es nicht ertragen kann zu sehen, dass dieser einen anderen Weg wählt als man selbst, wer überaus ängstlich auf das achtet, was der oder die andere tut, und den eigenen Weg dabei verlässt, ist möglicherweise sich selbst kein allzu verlässlicher Partner. Schon sind wir wieder im System. Zu diesem System gehören im übertragenen Sinne alle, welche die Kreuzung »dauerhafte Partnerschaft« passieren wollen.

Hier überschneiden sich soziologische Gesichtspunkte mit psychologischen und diese wiederum mit kulturellen, was die These des Buches stützt und beweist. Monokausale Erklärungen führen im Fall der Untreue nur zur inneren Zerrissenheit und zu Schuldzuweisungen, denn es gibt niemals nur einen Grund dafür, dass sich ein Mensch zu einem anderen hingezogen fühlt, sei es nun körperlich oder emotional. Und es gibt auch mehr als einen Grund dafür, dass manchen Menschen die Treue leichter fällt als anderen. Menschen bewegen sich in Systemen. Alle Menschen im System haben ihren Anteil. Alle im Buch genannten Disziplinen spielen mit.

Die vier Säulen

Als Alternative zu Glass' Buch »Die Psychologie der Untreue« soll hier auch das Buch »Intimität und Verlangen« des amerikanischen Therapeuten David Schnarch empfohlen werden[47]. Es arbeitet mit Fallbeispielen, die minutiös aus psychologischer Sicht analysieren, was Paare motiviert, so und nicht anders zu handeln. Dabei erteilt er keine Ratschläge, sondern beschreibt, was Partner zu »guten« Partnern macht, wie Partner zu einer guten und lebendigen Partnerschaft kommen und wie Paarkommunikation gelingen kann. Die Lektüre ist nicht ohne Längen, dafür fehlen handfeste Anweisungen erfreulicherweise völlig.

Seine Ideen zu persönlichen Voraussetzungen für gute Partnerschaften sehen so aus:

Voraussetzung Nr. 1: Stabiles und flexibles Selbst

Sie können sich so zeigen, wie Sie sind, Rat und Kritik annehmen, Entscheidungen zugunsten Ihres Partners / Ihrer Partnerin fällen und immer wieder umentscheiden. Gleichzeitig lassen Sie sich nicht drängen oder emotional erpressen. Wie Sie sind, ist Ihnen bewusst, Sie werden nicht einem anderen zuliebe ein anderer Mensch werden.

Das bedeutet, sich gelegentlich den Ansprüchen oder Wünschen anderer beugen zu können, aber immer wieder in eine eigene, gerade Haltung zurückzufinden und diese auch beim Partner zu akzeptieren. Er oder sie ist eben so, wie er oder sie ist. Der Partner hat eine Grundhaltung, die bleiben darf. Auch er wird sich gelegentlich anpassen oder seine eigenen Interessen und Bedürfnisse hintanstellen, doch auf Dauer haben alle das gleiche Recht, Bedürfnisse geltend zu machen und sich auf das zu besinnen, was sie im Kern ausmacht.

---

47 Wurst, Alain Xaver: »Zur Sache, Chérie – ein Franzose verzweifelt an den deutschen Frauen«, rowohlt, Hamburg, 2010, S. 70.

Voraussetzung Nr. 2: Stiller Geist – ruhiges Herz

Sie können sich selbst beruhigen und trösten, finden hin und wieder Entspannung in sich selbst und brauchen, um für sich selbst zu sorgen, nicht zwangsläufig andere Menschen. Ihre Emotionen können Sie selbst regulieren, Furcht und Angst unter Kontrolle halten.

Bestätigung können Sie sich auch einmal selbst geben. Emotionale Unruhe muss nicht gleich in einer dramatischen Krise enden, die der Partner beruhigen und beseitigen muss. Sie können zuhören, ohne spontan zu bewerten, und Sie können Fragen stellen, um den anderen zum Reden zu bringen ohne sich von ehrlichen Antworten direkt verschrecken zu lassen. Wenn Sie gekränkt sind, signalisieren Sie, was Sie brauchen, und können nach einer Weile den Gesprächsfaden wieder aufnehmen. Sie wissen, dass Angst lebensnotwenig, im Übermaß aber lähmend und beschränkend ist.

Voraussetzung Nr. 3: Maßvolles Reagieren

Sie versuchen zu hören, was Ihr Partner / Ihre Partnerin Ihnen sagen will, ohne sich übermäßig beunruhigen zu lassen. Sie bemühen sich um Ruhe und Gelassenheit. Panische Verurteilungen, das beschriebene »Ausrasten« und trotziges Schweigen sind gewaltvolle Kommunikationsmittel. Auch Drohungen und verzweifeltes Weinen bei der Konfrontation mit Wahrheiten können auf die Dauer Kommunikationsbremsen einbauen. Viele Partner können nicht offen über ihre Lüste und Bedürfnisse sprechen, weil sie Angst haben, den oder die andere/n zu verletzen. Je höher die Verletzlichkeit, desto größer die Angst vor Offenheit. Selbstberuhigung ist daher der Schlüssel zu mehr Offenheit in der Beziehung.

Voraussetzung Nr. 4: Sinnvolle Beharrlichkeit

Sie sind bereit, auch unangenehme und belastende Phasen einer Partnerschaft auszuhalten und neue Wege zu finden, weil Sie vom Sinn und dem guten Ende überzeugt sind. Manchmal schieben Sie eigene Bedürfnisse zugunsten eines gemeinsamen Ziels auf.

Die Drohung »Wenn du mich je betrügst, ist es aus« schafft, wie man sich vorstellen kann, kein Klima für mutige Eingeständnisse von Fremdbegehren. Den Motiven, den darunter liegenden Bedürfnissen, dem Trennenden und dem Verbindenden in der Partnerschaft auf den Grund zu gehen, ist eine langwierige und anstrengende Aufgabe, die viele Partner an ihre Grenzen bringt. Hier braucht es die Überzeugung, dass sich die Mühe lohnt. Viele Paare scheitern am Seitensprung, weil der oder die Betrogene diesen Anlass ergreift, um die als schon länger unbefriedigend empfundene Beziehung zu beenden. Das ist nicht verwerflich. Wer die Beziehung aber bewahren will, sollte sich aber unter Umständen auf zähe Zeiten einstellen.

Psychologie ist eine großartige, eine unverzichtbare und reiche Wissenschaft. Doch ebenso wenig wie die Liebe das Identitätsproblem löst, löst die Psychologie das Problem der Untreue.

Aufgeklärte Monogamie

Wir brauchen eine aufgeklärte Monogamie, die uns unsere kulturell geerbten Denkmuster zumindest bewusst macht und bestenfalls zu einer Veränderung des eigenen Beziehungsverhaltens führt. Wir sollten endlich erkennen, dass wir in der Welt des Jahres 2017 immer noch weitgehend nach den gleichen Regeln lieben wie zur Zeit des aufkommenden Bürgertums. Wir meinen, so fühlen zu müssen wie vor fast drei Jahrhunderten. Deswegen kann es auch nicht ernsthaft verwundern, dass wir ständig an unsere persönlichen Grenzen stoßen und buchstäblich die Welt nicht mehr verstehen, insbesondere dann, wenn es um Treue in der Beziehung geht. Um Paaren die Möglichkeit zu geben, ihre Beziehungsvorstellungen der heutigen Welt in Respekt und mit wachem Sinn anzupassen, bedarf es eines Bewusstwerdungs- und Umdenkprozesses. Hier stimmen nämlich die Anforderungen an die romantische Liebe mit den Handlungsmöglichkeiten der Liebenden im

Zeitalter scheinbar unbegrenzter Möglichkeiten nicht mehr überein. Viele Beziehungen sehen von außen sehr modern aus und sind im Kern konservativer als die der eigenen Eltern oder gar Großeltern. Gerade die mittlere Generation der heute 40–60-Jährigen bekommt die Zerrissenheit zu spüren, die zunehmende sexuelle Libertinage, ständige digitale Präsenz und Sehnsucht nach Beständigkeit hervorrufen. Sich gegenseitig mit Ver- und Geboten zu maßregeln, bringt nichts – die Scheidungsraten nach Seitensprüngen beweisen es.

An übernommenen Glaubenssätzen festzuhalten wie die drei Affen »nichts hören, nichts sehen, nichts sagen« hilft ebenso wenig wie der Versuch, die nicht mehr funktionierenden Muster in polyamoren Experimenten zugrunde zu richten. Das Motto »wird schon schiefgehen« ist das sicherste Rezept, die eigene Beziehung endgültig zu ruinieren. Menschen sind unberechenbare und lustorientierte Wesen mit einem gleichzeitig geradezu paradoxen Hang zu Exklusivitätsansprüchen und Sehnsucht nach emotionaler Heimat. Wir sind tollkühne Seefahrer mit schlimmem Heimweh. Diese Diskrepanz zwischen Freiheit und Geborgenheit bekommen fast alle Paare früher oder später zu spüren. Da hilft nur eins: Ehrlich die Themen auf den Tisch bringen und das Beziehungshaus auf Schwachstellen und Anfälligkeiten untersuchen. Wo könnten wir eine Tür abdichten, wo könnten wir eine öffnen? Bietet das Haus unserer Beziehung genügend Raum, Licht und Luft? Ist es warm genug darin? Haben wir einen Blitzschutz, was tun wir bei Hochwasser?

Unromantisch? Gewiss. Aber die einzige Möglichkeit, das zu bewahren, was dem Menschen das Liebste auf der Welt ist.

Literatur

Badiou, Alain, Interview in »Philosophie Magazin«, Ausgabe 4, Juni / Juli 2017

Bundesministerium für Familie, Senioren, Frauen und Jugend (Hrsg.): »Partnerschaft und Ehe – Entscheidungen im Lebensverlauf«, Studie, durchgeführt von Sinus Sociovision, 2016

Camis,Venus: »Die Ehe im Wandel der Zeit« VDM Verlag, Saarbrücken, 2007

Druckerman, Pamela: »Fremdgehen – die Regeln des Seitensprungs in aller Welt«, Herbig Verlag, München, 2008

Eber, Johannes: »Heiraten wir aus Liebe?«, pixeloekonom-Blog, 27.1.2010, www.pixeloekonom.de

Federicia, Walter: »Staat und die Ehe«, »Die Zeit«, 1952

Gambaroff, Marina: »Utopie der Untreue«, Psychosozial-Verlag, Gießen, 2010

Giddens, Anthony & Pelzer, Hanna: »Wandel der Intimität. Sexualität, Liebe und Erotik in modernen Gesellschaften«, Fischer, Frankfurt a. M., 1993

Glass, Shirley P.: »Die Psychologie der Untreue«, Klett-Cotta, Stuttgart, 2015

Goldenberg, Mirian, »Untreu«, UKV Verlagsgesellschaft, München, 2006

Hoffmann, Imre: »Die andere Beziehung – Polyamorie und philosophische Praxis«, Schmetterling Verlag, Stuttgart, 2012. Darin: Giddens, Anthony: Wandel der Intimität

Kant, Immanuel: Die Metaphysik der Sitten, 1797. Erster Teil. Metaphysische Anfangsgründe der Rechtslehre

Karig, Friedemann: »Wie wir lieben – vom Ende der Monogamie«, Blumenbar, Berlin, 2017

Kirshenbaum, Mira: »Ich will dir trauen – aber wie? So finden Liebende zu neuem Vertrauen«, Fischer, Frankfurt a. M., 2012

Lendt, Holger & Fischbach, Lisa: »Treue ist auch keine Lösung«, Pendo-Verlag, München, 2011

Luhmann, Niklas: Liebe als Passion, Suhrkamp, Frankfurt a. M., 1982

Matz, Wolfgang: »Die Kunst des Ehebruchs, Emma, Anna, Effi und ihre Männer«, Wallstein Verlag, Göttingen, 2014

Mode, Erwin: »Eheliche Treue: ein (un)nötiges und (un)erreichbares Ideal?« Schriftenreihe Dr. Kovac, Verlag Dr. Kovac, Hamburg, 2002

Notz, Gisela: »Theorien alternativen Wirtschaftens – Fenster in eine andere Welt«, theorie.org, Schmetterling Verlag, Stuttgart, 2011

Pabst, Manfred: »Bild, Sprache, Subjekt: Traumtexte und Diskurseffekte bei Freud, Lacan, Derrida, Beckett und Deleuze / Guattari«, Königshausen und Neumann, Würzburg, 2014

Ryan, Christopher & Jathá, Cacilda: »Sex – die wahre Geschichte«, Klett-Cotta, Stuttgart, 2016

Schenk, Herrad: »Freie Liebe, wilde Ehe – Über die allmähliche Auflösung der Ehe durch die Liebe«, dtv, München, 1995

Schmidbauer, Wolfgang, in: »Zeit online«, Liebeskolumne, 24. März 2011

Schnarch, David: »Intimität und Verlangen«, Klett-Cotta, Stuttgart, 2011

Schopenhauer, Arthur: »Metaphysik der Geschlechtsliebe«, Die Welt als Wille und Vorstellung (Bd. II (Ergänzungen zum vierten Buch), Kap. 44, zitiert nach der Ausgabe »Arthur Schopenhauers sämtliche Werke«, hrsg. und eingeleitet von M. Köhler, Berlin, 1902

Seichter, Sabine: »Pädagogische Liebe: Erfindung, Blütezeit und Verschwinden eines pädagogischen Deutungsmusters«, Schöningh, Paderborn, 2007

Stendhal: »Über die Liebe, überarbeitet, eingeleitet und kommentiert von Arthur Schurig«, Hofenberg, BoD, Norderstedt, 2016

Thurner, Elmar: »Warum halten unsere Ehen nicht mehr?« Rhätikon Verlag, Bludenz, 2007

von Weizsäcker, Beatrice: »Ist da jemand? – Gott und meine Zweifel«, Piper, München, 2014

Wetz, Franz Josef: »Lob der Untreue. Eine Unverschämtheit«, Diederichs Verlag, Random House, 2011

Wurst, Alain Xaver: »Zur Sache, Chérie – ein Franzose verzweifelt an den deutschen Frauen«, Rowohlt, Reinbek bei Hamburg, 2010

Leseempfehlungen:

Literatur zu: Offene Beziehung / Polyamorie

Hoffmann, Imre & Zimmermann, Dominique: »Die andere Beziehung: Polyamorie und philosophische Praxis«. Schmetterling, Stuttgart, 2012

Ihlefeldt, Felix: »Wenn man mehr als einen liebt; Frauen und Männer erzählen von ihrer Art, Partnerschaft freier zu leben.«, Schwarzkopf & Schwarzkopf, Berlin, 2008

Jöhnsson, Cornelia & Maresch, Simone: »111 Gründe, offen zu lieben: Ein Loblied auf offene Beziehungen, Polyamorie und Freundschaft«, Schwarzkopf & Schwarzkopf, Berlin, 2010

Schroedter, Thomas & Vetter, Christina: »Polyamory – eine Erinnerung«, Schmetterling, Stuttgart, 2010

Terborg, Nils: »Offene Beziehung: Wie sie funktioniert und was du wissen musst, wenn es brennt«, Schwarzkopf & Schwarzkopf, Berlin, 2017

Literatur zu: Soziologie

Grünewald, Stephan: »Die erschöpfte Gesellschaft: Warum Deutschland neu träumen muss«, Campus, Frankfurt, 2013

Illouz, Eva: »Der Konsum der Romantik – Liebe und kulturelle Widersprüche des Kapitalismus«, Suhrkamp, Frankfurt a. M., 2003

Lenz, Karl: »Soziologie der Zweierbeziehung«, VS – Verlag für Sozialwissenschaften, Wiesbaden, 2006

Literatur zu: Menschliche Sexualität

Clement, Ulrich: »Think love – das indiskrete Fragebuch«: Rogner und Bernhard, Berlin, 2015

Clement, Ulrich: »Systemische Sexualtherapie«, Klett-Cotta, Stuttgart, 6. Auflage 2014

Goldenberg, Mirian: »Untreu – Beobachtungen einer Anthropologin«, UKV-Verlag, Konstanz, 2014

Haase-Hindenberg, Gerhard: »Sex im Kopf – die erotischen Phantasien der Deutschen«, Rowohlt, Reinbek bei Hamburg, 2014

Ryan, Christopher, Jetha, Cacilda: »Sex – die wahre Geschichte«, Klett-Cotta, Stuttgart, 2016

Schnarch, David: »Intimität und Verlangen – Sexuelle Leidenschaft in dauerhaften Beziehungen«, Klett-Cotta, Stuttgart, 2011

Schnarch, David: »Die Psychologie sexueller Leidenschaft«, Piper, München, 2012

Literatur zu: Liebe

Bräu, Andrea: »Es war doch nur Sex! Seitensprung – ein altes neues Verlangen«:, Südwest-Verlag, München, 2011

Clement, Ulrich: »Guter Sex trotz Liebe – Wege aus der verkehrsberuhigten Zone«, Ullstein, München, 2012

Clement, Ulrich: »Wenn Liebe fremdgeht: Vom richtigen Umgang mit Affären«, Ullstein, Berlin, 2016

Geo Kompakt: »Liebe und Sex«, Nr. 20, Gruner + Jahr, 2009

Geo Wissen: »Den Menschen verstehen«, Nr. 58, Gruner + Jahr, 2016

Kirshenbaum, Mira: »Ich will bleiben – aber wie: Neuanfang für Paare«, Fischer, Frankfurt a. M, 2006

Mary, Michael: »Mythos Liebe«, Bastei Lübbe, Bergisch Gladbach, 2004

Mary, Michael: »5 Lügen die Liebe betreffend«, Bastei Lübbe, Bergisch Gladbach, 2001

Precht, Richard David: »Liebe – ein unordentliches Gefühl«, Goldmann, München, 2010

Schmidbauer, Wolfgang: »Die heimliche Liebe – Ausrutscher, Seitensprung, Doppelleben«, Rowohlt, Reinbek bei Hamburg, 2013

Treankner, Sissi & von Luxburg, Harro: »Es lief doch gut – was ging denn schief? Paare berichten über ihre langjährige Beziehung«, Knaur, München, 2008

Welter-Enderlin, Rosemarie: »Deine Liebe ist nicht meine Liebe: Partnerprobleme und Lösungsmodelle aus systemischer Sicht«, Junfermann, Paderborn, 2005

Literatur zu: Psychologie

Kachler, Roland: »Die Therapie des Paar-Unbewussten – ein tiefenpsychologisch-hypnosystemischer Ansatz«, Klett-Cotta, Stuttgart, 2015

Preisendörfer, Pamela: »Glaubenssätze und Überzeugungen – von mentaler Selbstsabotage zu innerer Stärke und Ausstrahlung«, Windpferd, Oberstdorf, 2014

Stahl, Stefanie: »Jein – Bindungsängste erkennen und bewältigen«, Ellert & Richter, Hamburg, 2008

Literatur zu: Kirchliche Sexualmoral

Angenendt, Arnold: »Ehe, Liebe und Sexualität im Christentum von den Anfängen bis heute«, Aschendorff Verlag, Münster, 2015

Denzler, Georg: »Die verbotene Lust – 2000 Jahre kirchliche Sexualmoral«, Gemini, Berlin, 2013

Farley, Margret A.: »Verdammter Sex – für eine neue christliche Sexualmoral«, Theiss, Darmstadt, 2015

Weizsäcker, Beatrice von: »JesusMaria – Christentum für Frauen«, Piper, München, 2014

Literatur zu: Philosophie

Ankowitsch, Christian: »Mach's falsch und du machst es richtig – die Kunst, auf überraschende Weise ans Ziel zu kommen«, Rowohlt, Reinbek bei Hamburg, 2013

Hilpert, Konrad: »Ehe, Partnerschaft, Sexualität – von der Sexualmoral zur Beziehungsethik«, WBG, Darmstadt, 2015

Hohe Luft Magazin Kompakt, »Wie soll ich leben?«, Hohe Luft Verlag, 2017, 10–23

Koisser, Harald: »Wenn Eros uns den Kopf verdreht – Philosophisches zum Seitensprung«, Orac, Wien, 2005

Ohly, Lukas: »Ethik der Liebe – Vorlesungen über Intimität und Freundschaft«, Evangelische Verlagsanstalt, Leipzig, Band 8, 2016

Pieroth, Bernd: »Eheliche Treue: ein (un)erreichbares Ideal? Humanwissenschaftliche und ethisch-theologische Überlegungen zur Beziehungsethik«, Kovac, Schriftenreihe Geist und Wort, Hamburg, 2002

Von Matt, Peter: »Liebesverrat – Die Treulosen in der Literatur«, Hanser, München, 1989